此书献给

外公，外婆，祖父，祖母

九十年前到上海打拼的两对工人夫妻

感恩您们的智慧，好奇，公正，及胆量

华礼人：
文化认同的再思考

丁 敏 ◎著

The Hualish

这本书原计划是发表在《理想中国》系列丛书中，现改为由复旦大学出版社单独出版。为方便读者，仍将《理想中国》的使命和定位附在后面，供参考。

《理想中国》丛书的使命与定位

  经过三十多年的快速发展，中国现实社会正处于发展模式转变的新阶段。在此关键时期，本系列丛书试图以科学的方法和负责任的态度，反思历史，分析现状，提出对未来中国社会的理想建构，这也已成为当下中国的一个重要课题。在此背景下，本丛书以有中国特色的公正发展为主旨，汇集各个学科资深学者的集体智慧，从多个方面共同描绘理想中国的宏伟蓝图。

  本丛书根基于学术研究之上的长期积累，深度反映中国经济、政治、社会和文化等诸多方面，强调前瞻性的观察和思考，兼具思想性、建设性、创新性以及社会责任感。每本著作都会聚焦于一个主题，并努力达到如下四个目标：1）追溯、反思并梳理历史脉络；2）深刻记录剖析中国现实；3）清晰描绘未来的理想；4）担当社会责任，为社会发展提供新的思路和建议。 以上使命和目标将成为我们恒久不变的追求。

2017 年 6 月 19 日

创始团队及常务编委会成员（排名按姓氏拼音）：

丁　敏　美国宾州州立大学Smeal商学院、复旦大学管理学院

范秀成　复旦大学管理学院

雷　明　北京大学光华管理学院

李　兰　国务院发展研究中心公共管理与人力资源研究所

彭泗清　北京大学光华管理学院

沈开艳　上海社会科学院经济研究所

杨福泉　云南省社会科学院

郁义鸿　复旦大学管理学院

赵旭东　中国人民大学社会与人口学院人类学研究所

庄贵军　西安交通大学管理学院

遗产社会，遗产文化，遗产基因

遗产社会是指历史上任何一个在中国大陆建都的社会。遗产文化是指起源于任何遗产社会的文化，或是在任何遗产社会起过主导作用的文化。遗产基因是指从任何一个遗产社会流传下来的基因。

华礼人，华礼（文化）（Hualish）

通用定义：华礼人是指拥有超过一定比例的遗产基因，并且在生活中实践超过一定程度的遗产文化的个人或集体。

工作定义（有下限的以后可以修改的定义）：华礼人是指有三代以上祖先在任何一个遗产社会生活过，并且在生活中实践一套核心的遗产文化并公开认可自己是这些文化的传承者的个人或集体。

华礼（文化）是指华礼人代表的文化。

"基目规经"框架（HOPE Framework）

文化设计范式的构造层面，包括基石（基，H），目标（目，O），规则（规，P），和经历（经，E）。

文化设计范式（The Culture Design Paradigm, CDP）

这是本书提出的一个用于设计（或再设计）文化的范式，包括一个有四级体系的活力层面，一个简称为基目规经框架的构造层面，及有关组成规模及组成形式的焦点层面。它的作用是帮助使用者根据具体的文化焦点，找到能实现希望达到的文化活力的构造设计。
华礼文化设计范式是文化设计范式在设计（或再设计）华礼文化上的应用。

文化个型，文化型，文化亚型（Culture Specification, Types, Subtypes）

文化个型是一个在某个焦点层面上的某个文化单元（个人，家庭，熟人，企业，……）被使用的特定的基目规经框架。一个被很多文化单元使用的文化个型叫文化型。如果有几个类似的文化个型都被广泛使用，它们合起来也叫文化型，其中每个文化个型叫文化亚型。文化个型，文化型，文化亚型是概念性的，但包括丰富的基目规经框架的细节。

华礼个型，华礼型，华礼亚型是文化个型，文化型，文化亚型在华礼文化的对应概念。

文化实体（Culture Embodiment）：

文化实体是实践性的，它包括一个具体的文化单元的人（成员），使用的文化个型，及成员的行为。两个文化单元，即便使用同一个文化个型，也是两个文化实体，因为成员不一样，成员如何实施文化个型会有区别，而且成员在这个文化个型之外的文化成分会有区别。

华礼实体是华礼文化的文化实体。

文化品牌

是一个文化实体的核心。华礼品牌是华礼实体的核心。

人圣华礼（人华）(Humanistic Hualish)：

人圣华礼是通过规范方法提出的，基于华礼文化历史及未来发展的，一种华礼型。简称人华。人圣华礼的最重要基石是它认为人是可以独立探知宇宙存在的智慧体。

前 言

这本书源于我自己生活中的一个困惑。我和我太太都出生、成长在中国,本科毕业后到美国学习,然后定居。一生都生活在同一种文化环境的人对自己的文化身份一般有明确的认同,但有过生活在两种或以上文化经历的移民对自己的文化身份的认同往往不是一件简单的事情。这件事情对我们来说,甚至比其他移民群体更具有挑战性,其原因有二。一是中国文化丰富多彩,甚至有些成分还互相对立(参见 2014 年我与徐婕合著作品《中国蹊》)。那些曾经看似是共识的东西不再是共识,例如有些人认为孔子思想是我们文化的精髓,无出其右,和它相异的思想都不是我们值得宣扬的中国文化。但同时很多人认为孔子思想很大成分早已过时,包括新文化运动中的一些重要参与者。在这种情况下,没有一个大家都认可的文化身份我们可以简单地承袭。二是我们在中国的成长塑形时期正处于一个传统文化没有被珍视的阶段,大多数传统已被毁弃。可以毫不夸张地说，我们是在文化的真空中长大的。到了 20 世纪 80 年代，追求财富又成了社会上某些人的人生终极目标。而对于文化应该是什么样，则一直没有恰当的反思和重建。虽然从我们 25 年前来到美国时就意识到了这个挑战，但随着我们在美国出生的孩子们逐渐长大，我们越来越感觉到这件事的紧迫性。在她们读大学成人之前，我们应该传承给他们一种怎样的文化成分？

在过去的几年里，我有幸被复旦大学聘为顾问教授。这让我每年通过工作接触到了很多大学教授、博士生、EMBA 学员、公共和私营领域的资深专家，同时，也让我通过在中国的生活接触到了很多在都市、农村和偏远地区的各种人。在这些接触中，我也常去探寻人们对自己文化身份的答案。令我惊讶的是，很多人对目前文化状态有种深深的失望。他们也迷失于自己的文化身份认同，和我一样，他们也认为这样的现状不能再延续下去。他们觉得现在是对这个挑战进行系统性的讨论、辩论，并达成共识的时候了。

这本书是我为了回应这个挑战，花了四年时间进行研究和反思的结果。这本书的目的是去尝试帮助我自己和同样渴望找到令人满意的文化身份认同的人。这个文化身份必须是建立在我们拥有的丰富文化遗产的基础上的，是我们可以自豪地珍惜、实践和用来教育子孙后代的文化身份，是我们可以自豪地和全人类分享的并对人类文化有重要贡献的文化身份。为回应这个挑战,本书提出把它当成一个"文化设计问题"。文化设计的任务是建构一个文化框架,这个框架不是一个社会历史上任何一种文化的渐进变迁,而是按照设计者的需求,直接或间接取自这个社会的独特文化遗产的各种核心元素并整合而成。

本书的第一章奠定了整本书的基础。这里我提出一个新的文化身份概念"华礼人"(及华礼),并讨论提出这个新名词的原因,包括为什么不用现有的"华人"或"中国人"的概念。之后这本书会被分为五个部分,每个部分各有一个目的:第一部分是理论;第二部分是在这个理论的框架里对华礼的一个梳理;第三到第五部分是应用。

第一部分描述了文化设计范式(Culture Design Paradigm, CDP),是全书的理论指导。文化设计范式是一个大的理论,不局限于这里讨论的华礼文化。它阐释了设计的三个核心方面:文化的活力、文化的构造和文化的焦点。在这一部分中,我们也会讨论一个在任何文化中都很重要的概念——文化品牌。最后,这一部分讨论了公共和私营领域在文化发展中各自能扮演的角色。从公共领域的角度,这是个将社会引导向一个在文化上更光明的未来的机遇。而对于私营公司来说,它们也有机会通过参与文化的方方面面为自己创造价值。

第二部分根据第一部分描述的文化设计范式评估当下的华礼文化。这一部分的目的是简要介绍华礼人目前的情况，以及它希望和可以成为什么样的文化。这一部分的分析会从四个视角出发：四级体系的"活力"；"基目规经"（HOPE）框架的"构造"；社会组织规模和形式的"焦点"；华礼文化的"品牌"。最后，我简单介绍如何运用文化设计范式，在现实生活中实行华礼文化框架的三条可循行的路径，并由此引出本书接下来的内容。

第三到第五部分分别描述了华礼应用的三种途径，及如何把它们落地到四种组成形式（一个自我、两个微观和一个中观）中。这四种形式的共性是它们都在决策者掌控之下，在自我形式里是个人，在家庭（微观）形式里是一家之主，在熟人（微观）形式中是组织社交圈的人，在企业（中观）中则是企业的最高决策者。因此，这些不同形式在如何应用华礼文化上有着相似之处。

第三部分描述了第一条路径——个性方法。一方面，这个途径提供的是一个程序化的设计方案，每一个步骤都会描述得清楚具体，使用者可以按部就班地根据每个步骤执行。另一方面，这个途径又要求使用者把自己的情况加入到每个步骤中，按照他的独特偏好及处境来得到个性化的结果，以建构他自己的华礼文化身份。在三条途径里，这条途径最是量体裁衣，但使用者需要最大的分析能力。

第四部分描述了第二条路径——范例方法。我描述讨论了在四种组成形式（一个自我、两个微观和一个中观）里的各种主要的华礼型。读者可以在相应的组成形式中选择一个他/她喜欢的华礼型，并在它的基础上加以微调，来作为自己的华礼文化身份。这个途径是基于现有实践的。每个组成形式里的主要华礼型是基于华礼人对目标（构造的"基目规经"〔HOPE〕框架中的目）的相似程度，用定性的聚类分析得到的。在三条途径中，这条途径可以视为个性途径和规范途径的妥协，使用者不需要很大的分析能力，但得到的华礼文化身份不是最有个性的。读者也可以结合使用个性途径和范例途径，来得到最佳效果。

第五部分描述了第三条路径——规范方法。这条途径和前两条的主要区别是它会定义一种具体的华礼型，使用者如果认同这个华礼型，他可以直接使用。而前两种途径提供决策的方法，而不是具体文化元素，目的是帮助个人（或个人组成的群体）进行自我分析，建构自己的华礼个型。如果采用规范途径，读者无需构建华礼个型，他只需将华礼文化的规范形式最好地应用到和自己有关的各个焦点形式上即可。在三条途径里，规范途径的使用者需要做的分析最少，但最终建立的华礼文化身份是大家共有的，而不是个性的。基于有关的文化历史、人群、社会及未来，我在这一部分里提出了一种规范的华礼型——"人圣华礼"（Humanistic Hualish），简称"人华"。人圣华礼是一个值得保护、实践并用来教育子孙后代的华礼型，也会对整个人类文化产生重要的贡献。在本书中，我建议使用者可以将人圣华礼的"人华长成礼"作为实践人圣华礼的第一步。

本书是一个活的文件，而不是一成不变的。这里记录的思想和方法将会被使用者的实践不断丰富，为变化的环境和偏好不断更新。建立并实践最适合自己的华礼文化身份是我们所有人都应参加的一个旅程，作为大家的同行者，我很期待这次征程。

丁敏（白丁）
2018 年 12 月 15 日

目 录

前言

第一章 "华礼人"定义 ………………………………… 1

第一部分 文化设计范式 ……………………………… 11

第二章 文化活力的四级体系 ………………………… 14

第三章 文化构造——"基目规经"框架 …………… 24

第四章 文化焦点的组成规模及组成形式 …………… 39

第五章 文化个型、文化实体与文化品牌 …………… 45

第六章 文化设计应用方法、收敛与公私不同
部门的作用 ………………………………… 52

第二部分 用文化设计范式来分析华礼文化 ………… 61

第七章 当今华礼活力 ………………………………… 62

第八章 当今华礼架构 ………………………………… 70

第九章　当今华礼焦点 ………………………………… 88
第十章　当今华礼品牌 ………………………………… 99
第十一章　文化设计的三种应用方法 ………………… 103

第三部分　个性方法 …………………………………… 109

第十二章　审计文化实体 ……………………………… 111
第十三章　设计目标 …………………………………… 121
第十四章　设计基石 …………………………………… 128
第十五章　设计规则 …………………………………… 134
第十六章　设计经历 …………………………………… 143
第十七章　整合和品牌 ………………………………… 150

第四部分　范例方法 …………………………………… 153

第十八章　社会细分及结果概述 ……………………… 156
第十九章　物质者 ……………………………………… 166
第二十章　漫游者 ……………………………………… 170
第二十一章　还债者 …………………………………… 174
第二十二章　攀登者 …………………………………… 178
第二十三章　牧羊者 …………………………………… 183
第二十四章　探寻者 …………………………………… 187
第二十五章　互助家庭 ………………………………… 191
第二十六章　听话家庭 ………………………………… 197
第二十七章　传承家庭 ………………………………… 201

第二十八章　体验家庭 ·············· 205

第二十九章　改革家庭 ·············· 209

第三十章　无心熟人 ················ 215

第三十一章　介绍熟人 ·············· 219

第三十二章　填空熟人 ·············· 223

第三十三章　交易熟人 ·············· 227

第三十四章　同盟熟人 ·············· 231

第三十五章　知己熟人 ·············· 236

第三十六章　维持企业 ·············· 240

第三十七章　积聚企业 ·············· 244

第三十八章　面子企业 ·············· 247

第三十九章　运动企业 ·············· 250

第四十章　艺术企业 ················ 253

第四十一章　解题企业 ·············· 256

第五部分　规范方法——人圣华礼(人华) ·············· 261

第四十二章　人华基石(HHH) ·············· 264

第四十三章　人华目标(HHO) ·············· 271

第四十四章　人华规则(HHP) ·············· 276

第四十五章　人华经历(HHE) ·············· 287

第四十六章　人华长成礼 ·············· 295

结语 ·············· 301

第一章
"华礼人"定义

在设想这本书的时候,我并没打算定义一个新的文化身份名词。但随着研究的深入,我迅速地意识到我必须定义一个基于历史和现在,可以引导未来的新名词。在这章里,我提出"华礼人"这一新的概念,并介绍提出这一概念的原因及其根本特征。

为什么需要一个"华礼人"的定义

为了代表本书将试图建立的文化传承,我需要一个能够同时满足以下三个条件的文化身份名词:第一,它必须包含文化成分;第二,它应含有和民族、种族相关的成分(比如血缘),但不应包含国家、区域等成分;第三,它必须是一个广义的概念,有能力涵盖所有共同文化遗产的人群。

在现有的文字里,有两个候选词。首先是"中国人"(Chinese)。其次是用得相对较少的"华人"一词。然而仔细推敲之后,这两个名词都不能完全满足刚才所提出的三个必要条件。

首先,无论是在正式还是非正式的用法上,这两个词都不包含文化成分。"华人"往往用来指具有中国血统的人,国务院侨务办公室的官方定义称"外籍华人是指已加入外国国籍的原中国公民及其外国籍后裔;中国公民的外国籍后裔"。(《关于界定华侨外籍华人归侨侨眷身份的规定》国侨发〔2009〕5号);在中国台湾,该词被用来泛称所有有此血统的人,无论居住地或国籍。虽然在定义上有些差距,"华人"的概念都只限于人的血缘。同时,没有严格的定义什么是华人血统,也没有说明要多少比例的华人血统才是华人(比如混血儿)。"华人"的定义里没有对文化本身有任何要求。即使一个人不做任何和文化相关的行为,甚至不认可这个文化是他的文化身份,他也会被认为是"华人"。

相比"华人","中国人"一词则有着更多其他层面的含义,尤其是许多人将这个词和"中华人民共和国"联系在一起,将中国这个国家、政府和其相关的社会政策等附加在这个词语上,也包括源于中华人民共和国国境内的。另外,"中国人"也往往被用来称呼那些拥有中华人民共和国国籍的人。

"华人"这一概念相较于"中国人"更具有包容性。前者无论是如何定义的,都会被绝大部分的人接受,而后者的使用(在中文及英文里)有时会有争议或造成误解。很多拥有中国血统、说中国话的人不太愿意自称或被称作"中国人(Chinese),"尤其是许多来自中国大陆以外地区的人。这一现象很大程度上是因为后者还具有一层国籍上的意义。如果在美国出生的ABC说自己是"中国人"(Chinese),他/她很可能被认为是中华人民共和国的公民,这也使得他们只能在非常具体的交流语境下才能准确地使用这个称呼。

　　因此,无论是"中国人"还是"华人",都不适合用来表述我所想表达的概念,也无法帮助我建立我希望建立的文化身份。我必须找到一个新的,满足前面讲的三个必要条件的文化身份的词语。经过仔细研究与调查,及从不同人群的反馈,我决定将"华"(Hua)与"礼"(Li)两个字结合起来,把这个新的文化身份叫作"华礼",而将认可华礼为自己文化身份的人称为"华礼人"。考虑到英文发音的便捷性及英语里别的文化身份的常用词语的结构,我加上一个词根"-sh",用"Hualish"来同时代表华礼和华礼人及它们的形容词形式。"礼"是自古以来我们祖先用来表达一个人应该有的行为准则和道德规范,以及对待家人、非亲和权威等不同社会关系的态度的,它包括但远远超过通常人们讲的"礼仪"。我用"礼"字来体现这一文化身份的文化成分。"华"字是用来代表这一文化身份的血缘意义,和现有"华人"的定义相仿。当然,"华礼"一词不是单纯地将这两个字背后的意义合并在一起,特别是这两个字本身的定义也众说纷纭。以下是华礼人的**通用定义**:

> 华礼人是指拥有超过一定比例的遗产基因,并且在生活中实践超过一定程度的遗产文化的个人或集体。华礼(文化)是指华礼人代表的文化。

其中遗产社会是指历史上任何一个在中国大陆建都的社会。遗产文化是指起源于任何遗产社会的文化,或是在任何遗产社会中起过主导作用的文化。遗产基因是指从任何一个遗产社会流传下来的基因。

我在华礼人的通用定义中没有对"一定比例"进行具体的界定,因为这些下限不应该是一成不变的,而是应该根据情况适当演变更新。图1描绘了一个该定义在演变中可能适用的"一定比例"范围,在这个二维图中"GC"代表的区域就是华礼人,但这个区域的下限(具体的比例界限)可以变动。在两种特定情况下,华礼人可能会成为一个单维度的概念。这通常意味着在另一个维度上满足了极高的标准,下面我会具体讨论这两种情况。

华礼人的基因维度及下限

符合华礼人定义的人群以前只是按照他们的基因纬度描

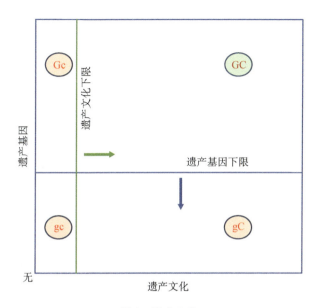

图 1　遗产文化

述的。但按照血缘基因传承来定义的华人并没有一个严谨的标准，特别是它没有确定一个人的华人血统要少到什么程度后就不再被认为是华人。

在美国等世界上很多国家和地区，往往有两种主流的界定一个人是否属于一个血缘群体的方法：第一种是"血量定律"，根据一个人基因遗传的百分比来界定。例如，一位女性如果拥有 1/32 或以上的美国某原住民部落血统，就可以称自己属于该部落。其他的印第安人部落可能要求更高的血量比例，如二分之一（至少父母中的一人为纯血统）、四分之一（至少祖父母中的一人为纯血统）等。第二种则是"一滴原则",也就是说只要你的血统里包含该种族的一滴血,就被认为是该种族的人。这一原则往往被应用在非洲裔美国人群体上。

也许是因为对于华人来说,跨种族婚姻到近年来才逐渐增多,至今也并非一个常见现象,所以在中文里并没有一个对于定义"华人"所需要的中国血统的准确标准。这也导致了许多跨种族人群对于自己身份认知的迷惑。随着这一人群的扩大,现在已经不能再推迟确认一个准确的血缘传承标准的决定。但我认为这个标准不应该有"纯"的程度之分,而应是一个二分原则。即一个人的文化身份标准只会有"是"或"不是"的两种情况,而不会有100%的血统比25%的血统更纯正的区分(如果我们把下限定为大于等于25%)。

在本书中,我将基因传承的下限明确定义为"三代原则":至少有三代血缘宗亲曾在遗产社会中生活。正如"血量定律"和"一滴原则"一样,"三代原则"并不是基于生命科学依据,而是基于华礼人的一个历史文化传统。华礼人群历史上通常会通过调查对方"三代祖先"的方式,来做出比如婚姻是否合适等重大决定。这一标准所说的血缘宗亲也并不要求这三代是某个人的父母、祖父母、曾祖父母。如果一个人的祖先在100年前已经移民到比如说法国,但在移民前的祖先至少有三代生活在遗产社会里,那他/她也满足这个条件。从某种意义上而言,它和"一滴原则"有着一定的相似性。但不同于可以追溯到同一种族的非洲裔美国人群体,华礼人包括的人群是多个民族的融合,所以我对华礼人血缘进行了更明确的定义。"三代原则"将那些仅仅在遗产社会中短期逗留、对华礼血统的基因库没有或仅有可以忽略不计的影响的人群排除在外。在这一标准下,我未来的所有后代、港澳台的民众都是符合这一定义的,而近期移民到中华地区并没有其他华礼祖先传承的人群则不会被认为是华礼人。

长远来看,我觉得华礼人的定义会随着遗产文化维度下限的提高而逐渐放宽基因维度的标准。当文化下限上升到拥有一套完整、丰富、独一无二、由华礼人建立并被华礼人所广泛接受的核心元素时,基因维度甚至可以被忽略不计。到那时,只要是全心接受整套华礼文化的人都可以被认为是华礼人。当然在目前的情况下,这样的核心元素尚不存在,血缘上的标准还不能不考虑。

华礼人的文化维度及下限

文化维度上的标准(下限)要比基因维度难以确定的多,因为文化本身非常丰富并多元,而且大家对什么应该是核心的文化元素有各种不同意见。所以,首先要确定的是,究竟什么可以被认为是遗产文化——即哪些可以被用于构建华礼的文化。这本书给出了一个遗产文化的严格定义,这不一定是一个最后或最好的定义,但它给我提供了一个坚实的基础。

我定义遗产文化为符合以下两条标准中任何一条的文化：

（1）这个文化是在一个遗产社会里诞生的。比如儒家文化、道家文化是两个最重要的本土文化现象，他们就符合遗产文化的定义。它并不需要是一个现在正或过去曾被大多数华礼人实践的文化。这样的定义能够增强华礼文化的多样性和饱满度。少数民族的文化元素或者是汉族的区域文化，只要是独一无二的，都可以被认为是华礼文化的一部分。许多已经被其他文化所接受的节日礼仪和习俗，如赛龙舟等，鉴于其文化起源也仍然可以被认为是华礼的遗产文化。华礼人从今往后创造出来的新的文化元素，虽然不是历史遗留下来的，也同样应该被认为属于华礼文化。

（2）这个文化并不诞生于遗产社会，但至少在某一个遗产社会里具有主导性的地位。在绝大多数情况下，这些文化都本土化了，会融合遗产社会里别的因素，形成了独有的特征。例如，佛教文化并不起源于遗产社会，但它演变为历史上一个具有主导性的文化，所以也应该被认为属于华礼的遗产文化。社会主义（共产主义）也并不是起源于遗产社会，但成为了今日中华人民共和国的主要意识形态，也可以被认为是华礼的遗产文化。

通过这两条标准，我们可以排除许多不应该被认为是华礼文化的文化元素：如基督教，它既不产生于遗产社会，也不曾具有主导地位。同样的道理，那些在别的国家是多数民族，在中国是少数民族的文化范式，如朝鲜族，也不被包含在"华礼"文化之内。但没有独立民族国家的民族，比如纳西族，他们的文化就可以被包含在"华礼"文化中。

另外需要明确的是，在这套标准之下，文明社会基本都认可的、一个良好公民所应该秉承的礼节，并不属于华礼文化的范围内。比如说不能在公众场合（如电影院、机场、购物中心、餐厅等）喧哗、确保公共厕所的使用卫生、不要用言语侮辱他人等，都不能被视为华礼文化。

在本书中，华礼人的文化维度的下限必须拥有两个组成部分：实践（一定的质与量之上）及公开认可。具体的定义是：必须实践一套从遗产文化中提取的核心元素，并公开认可这一文化是自己的文化身份的一部分。本书的别的章节会讨论华礼文化的核心元素的组成。

华礼人的<u>工作定义</u>是在华礼人的通用定义上加上以上定义的两个维度的下限。和通用定义不一样，工作定义是会逐渐演变的。以下是本书中采纳的工作定义：

> 华礼人是指有三代以上祖先在任何一个遗产社会生活过，并且在生活中实践一套核心的遗产文化并公开认可自己是这些文化的传承者的个人或集体。

第一部分
文化设计范式

这一部分介绍的是用来指导本书的一个范式——文化设计范式（Culture Design Paradigm，CDP）。文化设计范式是一个广义的理论，可以应用到不同的文化中。它对一个文化的设计围绕着以下三个核心：这个文化想要达到的<u>活力</u>、这个文化该有的<u>构造</u>、这个文化所服务的<u>焦点</u>（组成规模及组成形式）。在这个部分里，我对每一个核心都用一个单独的章节进行讨论。

第二章描述的是文化活力的四级体系。这是四个依次递进的层级，每一层都比前一层有着更强的活力。第一层是名义性文化（层级Ⅰ），这种文化满足可定标准，即包含了一些可确认为文化的主要元素。第二层是操作性文化（层级Ⅱ），它在名义性文化的基础上，还满足可信标准。第三层是可持续性文化（层级Ⅲ），它在操作性文化的基础上，还满足协和标准和前瞻标准。第四层，也是最高层是向心性文化（层级Ⅳ）。它在可持续性文化的基础上又增加了归属标准和向往标准。向心性文化通常对内部和外部的冲击有很强的抵抗力，并且往往会随着时间的推移而逐步扩大。

第三章明确了文化的构造，即它的"基目规经"框架，这个框架是文化设计范式的核心。它是建立在《泡泡理论》（*The Bubble Theory*，2018）中的"有知需求与追索"（ENP）范式上。基目规经四字分别代表这个框架的四大核心结构：基石、目标、规则和经历（英语是 Human-I-Cosmos（H），Objectives（O），Protocols（P）和 Experience（E），简称为 HOPE Framework）。这种正式的结构可以起到两个目的：对内，它有助于我们所期许的文化的记录、组织、跟踪与改进；对外，它有助于比较与沟通。

第四章从四个不同的组成规模上（及每个规模里的各种组成形式）探讨文化设计中的焦点。这四个规模分别为自我（个人）、微观（如亲属、非亲）、中观（如企业）和宏观（如国家），一个文化只有在所有四个组成规模上都有用才有意义。

第五章提出并讨论文化品牌的概念。文化品牌可以帮助把一个复杂丰富的文化抽象出来，以方便对内对外的沟通，增加独特性和向心力。这是一个新的概念。在企业这个组织形式上，虽然一家公司经常会对其产品进行品牌化，但并不是每个公司都有自己的企业品牌。即使那些拥有企业品牌的公司，它们的企业品牌也未必能体现出他们的企业文化。在别的组织形式上，比如个人、朋友、家庭、城市、国家，文化品牌更还从来没有被系统化地提出使用过。我建议一个文化品牌可以用品牌向心力和品牌影响力来衡量。

  第一部分的最后一个章节，第六章，讨论文化设计范式应用方法、文化的收敛与各种实体，包括公共部门（政府、非营利组织）和私营部门（企业），在文化设计中的作用。这些实体会有不同的动机，而且每一个实体都可能对文化的形成和收敛产生重大影响。它们可以是一股推动健康（具有期望的活力功能特征的）文化形成的积极力量，但也可以轻松地将文化的发展引向一个并不理想的方向。在文化设计范式的应用时必须考虑到这些实体的双刃剑的性质，在适当的时机将这些实体纳入其中起到正面推动的作用。

第二章
文化活力的四级体系

不同的文化有不同性质的元素,这也决定了不同文化的活力也有差别。本章讨论了文化活力的四个递进的层级:层级Ⅰ是名义性文化,层级Ⅱ是操作性文化,层级Ⅲ是可持续性文化,层级Ⅳ是向心性文化。这些层级的划分标准为它们是否具有特定的活力征象(总共 6 个),每个活力征象由各自须具备的活力指标代表(每个活力征象有 2—4 个活力指标),具体参见表 1。

层级Ⅰ:名义性文化

这类文化满足可定活力征象的相关活力指标,但它不具备其他活力征象的特征。所以这类文化被称为名义性文化(层级Ⅰ),因为它只是在名义上是文化。然而,满足可定活

表 1　文化活力的四级体系

活力征象 (活力指标)		等级 层级 I 名义性文化	层级 II 操作性文化	层级 III 可持续性文化	层级 IV 向心性文化
可定	要素				
	独特				
可信	真实				
	可实施				
	有后果				
	有倡导者				
协和	低冲突				满足这些活力征象
	少漏洞				
前瞻	现代				
	公正				
	可适应				
归属	历史	不满足（或只是擦边）这些活力征象			
	里程碑				
	友爱				
	安全感				
向往	目标				
	事件				
	人				

力征象是所有文化的必要条件，一种文化必须维持高度的可定活力征象，这是在重新设计文化时首先要考虑解决的问题。

可定活力征象有两个活力指标：要素和独特。文化的要素活力指标包括语言和传统等。文化的独特活力指标指这个文化与其他文化有显著的不同，这个不同可以是它的某些特有的要素，也可以是这些要素在一个文化里独特的地位（重要性和别的要素的关系等）。

为确保并增加独特性，一个文化需要坚持两个规则：一个是最小核心规则（避免文化被稀释）；另一个是优先取舍权规则（增强文化的独特性）。

最小核心规则的意思是一种文化必须保持一定的来自于其遗产文化的要素，而由这些要素组成的核心的最小规模必须被保证。这个核心在时间流变中也应当保持相对稳定。优先取舍权规则尤其在一个特定文化被修订时有很大的指导作用。这个规则的意思是在考虑重新设计文化的某一方面时，来自于它的遗产文化的要素应当是首选。只有在不可能从遗产文化中找到满意的要素时，才可以考虑从非遗传文化中吸收相应的要素。当然，这一规则在实际操作上可以有实质性的差异：第一个区别是这条规则该多严格地被解读和运用。一种极端是，只有当遗产文化的要素优于其他所有非遗产文化要素时才会被采用。另一种极端是，除非遗产文化的要素明显劣于其他非遗产要素，不然就使用遗产要素，或者索性在设计时就不考虑非遗产要素。第二个区别是这条规则应用到的范围。它可以在整个文化设计里都使用到，但在特定的情况下，这条规则也可以只在设计某一具体的文化部分时使用。

层级Ⅱ：操作性文化

这类文化除了具有可定活力征象，也满足可信活力征象。可信活力征象是指一种文化对它的成员和外界来说都是真正的、可执行的、活着的，它包含四个活力指标。

第一个活力指标是真实。真实的文化必须是它的成员的真实反映，也是一个被本文化中的大多数成员了解、接受、熟识并且实践的文化。

第二个活力指标是可实施。一种文化的元素若在现实中不可能被实践，那它就不是可信的文化。宣称一样东西是文化的组成部分是一回事，但只有是可以被人实践的才能名符其实地成为一个文化的组成部分。

第三个活力指标是有后果。在满足有后果活力指标的文化中，对文化实践的严重背离或不顺从会有一定的后果。这些后果可能是周围人的批评、社会排斥、行政处罚甚至是刑事处罚。

第四个活力指标是有倡导者。倡导者是指对实践这一文化有热情，并宣传和守护这一文化的人。倡导者可以是文化中的社会管理组织的成员，或非盈利组织的成员，也可以是在文化成员中具有广泛影响力的公民。

层级Ⅲ：可持续性文化

文化层级Ⅲ比层级Ⅱ多了两个活力征象：协和与前瞻。因着这两个活力征象，文化层级Ⅲ不仅是一个活着的、可执行的文化，它们也有能力在未来很长的时间里存活下去，所以被称为可持续性文化。

协和文化征象包含两个活力指标：低冲突和少漏洞。就像任何复杂系统一样，文化往往存在不同部分之间的冲突。有时是因为各部分之间存在根本性的不同，有时是因为对同一部分存在不同的解读。协和文化通常这类内部冲突比较少，也没有什么藏于表面之下、会威胁到文化稳定性的重大潜在矛盾。有些文化会试图在表面上调和那些相互冲突的部分，但却没有从根本上解决这些冲突，这种文化不能被认为是协和的。漏洞是指文化中缺失的要素。当一种文化有漏洞时，文化里的不同成员会采用不同的东西来填补同一个漏洞，但因为这些东西的选择没有考虑到与文化本身的关联，所以它们往往会引起成员间（文化内部）的冲突，降低文化的协和度。

前瞻活力征象包含三个活力指标：现代、公正、可适应。

第一个活力指标是现代。它是指一种文化需要能够反映现代人群的生活方式。它必须是向前看的——立足未来的同时并考虑人们当下的接受能力。不向前看的文化不大可能长时间存活，而且会不断产生内外部的摩擦。例如，人们很多时候被人际交往所约束。他们维持着大量熟人，很多普通人也会维持几百甚至近千个熟人，并且因为现代交流工具的发展，每个人都和他的熟人们有大量的实时互动，有时是志愿的，有时是非志愿的。同时，他们也相应地减少了和家人、好友以及身边亲密的人沟通的时间（常常人在，心不在）。人们也接收很多的（甚至过多的）信息，他们不愿读长篇的东西，他们希望所有事都能用更简洁、快速的方式来解决。这个活力指标意味着文化设计应避免至少两个错误。第一个错误是：对传统价值与实践的"简单化复兴"。这种全盘采用某个朝代或信仰体系的光辉古老传统的天真做法是不该被鼓励的，现实是，很多信仰体系和相关的规则仪式，在当今世界已不合时宜。一定要有选择地吸收。第二个错误是：没有对现代社会认为是歧视和成见的概念进行全盘拒绝。比如一种文化必须避免因为人们的性别、年龄或其他维度将他们区别化，如丈夫和妻子的固定角色——男主外女主内的思想，虽然这是以前大家基本接受甚至拥护的。

第二个活力指标是对公正这一理念的普遍接受。若没有公正作为它的根基性意识，一种文化不能长久稳定。公正不一定意味着平等，虽然平等可能在特定情境下是公正的一种形式。公众在不同的文化里可能对公正有不同的共识，这是正常的。公正活力指标并不是说每个文化中的公正都要服从同一个理论对公正的解读，这个指标只要求一种文化里有一个可以被绝大多数成员接受并执行的公正观念。

第三个前瞻的活力指标是可适应，它能随着环境的变化而演化来生存下去。一个僵化的（不是可适应的）文化在它当下所处的环境中或许显得非常强大，但它注定会过时，并成为未来发展的障碍。

层级Ⅳ：向心性文化

文化层级Ⅳ比层级Ⅲ又多了两个活力征象：归属和向往。归属与向往听起来类似，但有很大的差异（具体见以下关于向往活力征象的讨论）。一个人可以对一种文化有归属却不向往，同理，也可以有向往却没有归属。当然，一种文化可以同时拥有带来归属和向往的要素。因为拥有这两个活力征象，文化层级Ⅳ不仅可持续，还能吸引新的成员和提高已有成员的忠诚度。换句话说，这样的文化不仅可以长期存活，而且还会繁荣发展。所以我将之称为向心性文化。

归属活力征象是指成员对自己的文化有一种归属的感觉。归属可以指一个人精神上与文化的共鸣，也可以指这是一个将你视为他们一分子的群体。归属感对于作为一个生物物种的人类非常重要，一种文化长期的成功很大程度上取决于它是否能创造并维持这种归属感。帮助建立归属感的有四个活力指标，分别为历史、里程碑、友爱和安全感。

第一个带来归属感的活力指标是（共同的）历史。不论是个人、家庭、朋友或企业，一个组成形式的实体必须有能被识别的共同历史来让它的成员感到自己归属于一个比现在的自己更大更丰富更悠久的存在。早在人类还住在洞穴中时，就已经发展出了这种基本需求。这个历史包含了起源（例如在家庭组成形式里父母怎么认识的）、神话传奇（不能被证实但有趣且有关的故事）、英雄和恶魔（例如一个企业里创造了两月内发明新产品的纪录保持者）等。这样的历史可以用正式（如文本、实体）或非正式（如故事、叙事）的方法记录和传递。这些是人们会在餐桌和饮水机边讨论的事情。

第二个带来归属感的活力指标是里程碑。指的是一个个体存在过程中影响决定了它的特性的关键事件。这些事件或从根本上改变一个人的三观，或让这个人养成一种重要的习惯。可以让一个人经历一些关键事件并因之成长的文化会对这个人有很大的向心力。人通常会通过自己生命中的关键事件来定义自己，而且人的记忆也非常有选择性。如果一个人的某些里程碑和一种文化紧密相关，他会感到他与这个文化之间是不可分的。

第三个带来归属感的活力指标是成员间的友爱。这种友爱对于维持成员间关系和增强归属感极度重要，通常采用和实践相似的文化元素来增强，譬如语音（方言、偏好的沟通方式、俚语或者常用词/短语/缩写/表情等）、食物、着装、肢体语言、球队、音乐、艺术、文学。友爱也可以通过共同的哲学、世界观、规范和期待，甚至思维方式、决策方式和行事方式等产生。友爱的结果之一就是获得同种文化里其他人的接纳和尊重，这种结果会大幅地增强归属感。

第四个带来归属感的活力指标是安全感。安全感是指一个成员认为在自己有需要时，同种文化的其他成员会伸出援助之手，也确信自己不会被不公正地对待。某种意义上，"我为人人，人人为我"是增强归属感中安全感指标的一种极端形式。

向心性文化的另一个活力征象是向往。令人向往的文化会让它的成员感到自豪，鼓励他们追求更美好的梦想，促进他们实现更宏大的目标。它不用让外部的其他人觉得恢宏和鼓舞人心，但必须让内部成员有这种感受。向往也不意味着每个人都要有多么崇高的追求，它只是说这种文化可以为着特定的目标激励成员。一种令人向往的文化也会在世界文化的大家庭里占据一席受人尊重的位置。

向往有三个活力指标：目标、事件和人。目标这个活力指标比较抽象，可以来自整个连续的时间轴——过去、现在和将来。而后面的指标则是经验性的，可以发生在过去或是当下。第一个活力指标广泛地指一种文化有志于实现的目标。它可以是过去的目标（例如"我们尝试了这个，虽然困难重重、目标高远,但我们还是取得了进展"),或是现在("这是我们今年〔这个时间段〕希望达到的目标"),或是未来("到 2050 年,这是我们要实现的")。第二个活力指标指过去或现在发生的令人向往的事件,让成员们感到自豪,或是鼓励他们有更大的梦想、更高的追求。比如"那时我们家里没有电视,但大家每天晚上都会在一起开心地谈天"。第三个活力指标指过去或现在真实存在的,令人向往的人。这些人可以是政治家、思想家、军事家、科学家等等(表 2)。

表 2 向往活力指标

		向往活力指标		
		目标	事件	人
时间	过去	是		
	现在			
	未来	否		

第三章
文化构造——"基目规经"框架

本章首先简要介绍《泡泡理论》（丁敏，2018）中描述的有知需求与追索范式（Enlightened Needs and Pursuit，ENP），然后在此基础上将文化的构造归纳为四个结构部分。ENP 范式是建立在个体上的，而文化的各个组成形式都是由不同的人组合而成的，所以都可以用 ENP 来作为基础。

ENP：基本要素

让我用一个思想实验来解释 ENP。我们想象有一个智能生物，有一天醒来，发现自己独自在一个陌生的世界（比如外星）。他的大脑没有任何记忆的痕迹，但他仍然拥有很强的分析能力，那么他会做什么呢？

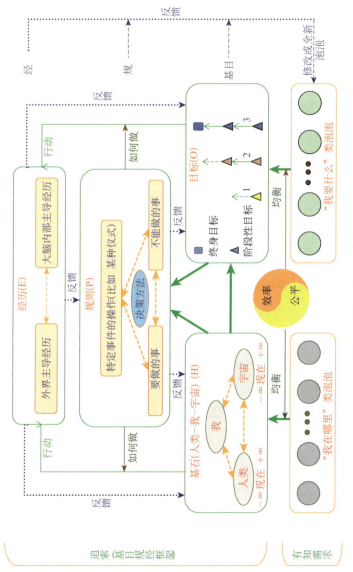

图 2 有知需求与追索范式

他很有可能做的事情包括：
- 观察调查和理解他所处的环境，以及（如果可能的话）他为什么会在这里
- 思考并决定他在这个环境里要做什么事情（目标）
- 决定在这个环境里他将使用的一套规则以帮助实现他的目标
- 努力实践来实现目标

当一个人刚诞生的时候，他也是进入了一个完全陌生的世界。他经历的是一个非常类似的过程，虽然有些人通过模仿这个社会里其他人已有的做法，避免了自己独立花时间精力思考。

ENP 这一范式描述的就是每个个体所经历的这个评估与实践生活的过程。ENP 包含两部分：第一部分是有知需求；第二部分是对这些有知需求的追索。

有知需求的定义是"超越动物纯生存和繁殖的需求"，我将需求通俗地称作泡泡（Bubbles）(《泡泡理论》，2018），在一般的使用情景里，泡泡指的是有知需求。在文化设计的这个应用中，我把有知需求分为了两类："我在哪里"类的泡泡和"我要什么"类的泡泡。"我在哪里"类的泡泡反映了个体（和文化）想要理解他们周围的世界和他们在其中的角色的欲望。"我要什么"类的泡泡反映了个体（和文化）在他们的生活中获得某种满足的欲望。

追索服务于有知需求，它们是文化的组成部分。具体来

表 3 基目规经框架

类别	主要特征	核心要素	定义	个人	家庭	熟人	企业
基石	一个人如何看待人类和外部世界,以及他/她在这个世界上的角色。这些来自对"我在哪里"类泡泡的回答	宇宙	宇宙的起源是什么 宇宙的意义/目的是什么 宇宙的尽头(或无止境)是什么	必需	推荐	可选	可选
基石	一个人如何看待人类和外部世界,以及他/她在这个世界上的角色。这些来自对"我在哪里"类泡泡的回答	人类	人类的起源是什么 人类的意义/目的是什么 人类的结局(如果有结局)是什么	必需	推荐	可选	可选
基石	一个人如何看待人类和外部世界,以及他/她在这个世界上的角色。这些来自对"我在哪里"类泡泡的回答	自我	在这个世界上,我是谁	必需	推荐	可选	可选
目标	一个人在他/她的人生中应该追求什么,以让他/她的人生更加满意。这由"我要什么"类泡泡决定,也可能被基石问题的答案影响,所以也可是"我在哪里"类泡泡的衍生	终身目标	一个个体存在结束时要实现的目标	必需	必需	可选	必需
目标	一个人在他/她的人生中应该追求什么,以让他/她的人生更加满意。这由"我要什么"类泡泡决定,也可能被基石问题的答案影响,所以也可是"我在哪里"类泡泡的衍生	阶段性目标	在给定的时间(中短期)要实现的目标	必需	必需	必需	必需
规则	为满足目标或基石而服务	要做的事	我们应当或可以做的事	必需	必需	必需	必需
规则	为满足目标或基石而服务	不能做的事	我们不该或不能做的事	必需	必需	必需	必需
规则	为满足目标或基石而服务	特定事件的操作	一些重大事件(比如仪式)应当如何操作	必需	必需	推荐	推荐
规则	为满足目标或基石而服务	决策方法	推断和决策的方法	必需	必需	推荐	必需
经历	为满足目标或基石而服务的具体实践,并遵守规则	大脑内部主导经历	由内在思考驱使而不是外界刺激	必需	无关	无关	无关
经历	为满足目标或基石而服务的具体实践,并遵守规则	外界主导经历	由外界刺激驱使(真实或虚拟)的感官经历	必需	必需	必需	必需

说，ENP范式将这些组成部分分为四个：基石（Human-I-Cosmos）、目标（Objectives）、规则（Protocols）和经历（Experience），将它们的首字（字母）合起来，就称为基目规经框架（HOPE Framework）。

本书使用基目规经框架来构造文化设计范式（CDP）。我下面将在基目规经框架下分别讨论这四个组成部分。基目规经框架的表格里也包括了几列来说明在本书讨论的四个组成形式（个人、家庭、熟人和企业）中，基目规经组成部分哪些方面是必需的、推荐的、可选的，或者是无关/不需要的。

基石（基，H）

这一组成部分抓住了文化中回应"我在哪里"类泡泡的根本部分。它们都是非常抽象的问题，常常会有互相冲突的答案。但在个人层面，我们在人生某个节点都会在不同程度上问这些问题。这既出自于人性内在的好奇心，也出于实际生活的考虑——这些问题的确切答案（对某个人来说）会让我们拥有更开心或者至少更有意义的、更高效的生活。

基石可以分为三类、一共七个问题。这些问题的答案结合起来会帮助人们理解身边的现实世界并指导他们的生活。

关于宇宙的问题：

问题1. 宇宙的起源是什么？

问题2．宇宙的意义/目的是什么？

问题3．宇宙的尽头（或无止尽）是什么？

关于人类的问题：

问题4．人类的起源是什么？

问题5．人类的意义/目的是什么？

问题6．人类的结局（若有结局）是什么？

关于自我的问题：

问题7．在这个世界上，我是谁？

如果一个人相信宇宙和人类之间存在因果关系，那么问题1—3的答案就由问题4—6决定，或问题4—6的答案就由问题1—3决定。例如，如果你相信宇宙是为人类而存在，那么问题1—3的答案通常被包含在问题4—6的答案中。很多宗教采用这种人类中心的立场，而这种立场不管一个人是否同意，通常都很容易理解。相反地，如果你相信人类存在是因为宇宙想要我们存在，那么问题4—6的答案就取决于问题1—3的答案，尽管这种立场对很多个人来说更难理解一些，但还是可能存在的。譬如，宇宙（作为一个智能的实体）因为某个它追求的目的决定创造人类。这样的情境并非零概率事件，它意味着人只是宇宙（或控制宇宙的实体）在做的一个复杂实验中的一个部分。

至今为止的科学证据指向另一种关系。被科学界和多数大众接受的进化论，认为人类的出现源于突变及进化，是一个在长时间里自然发生事件的小概率结果。在这种情况下，问题 1—3 和 4—6 的答案就彼此相对独立。

问题 7 的答案可简单可复杂。如果一个人接受的观念是"我与其他任何人没有区别",答案就很简单。这种情况下,问题 7 的答案已经由问题 4—6 的答案包含了,一个人也没有必要花精神去寻求个体化的答案。然而如果一个人相信自己是一个独特的、不同于其他任何人的存在,有着特定的能力,特定的人生目的等,答案就会非常复杂。一种极端的情况就是,一个人甚至可以认为宇宙和人类都只是自己人生中的道具、只是用来填补个人存在的一些空缺。站在这个立场来回答"我是谁"就非常不容易了,但这个观点在理论上有可能是正确的,现实中也确实有人会认同。比如平行宇宙的观点,甚至佛教中的一些思想,都和这个思路相似。

有两种方法可以用来建构这些问题的答案:基于证据或基于信仰。基于证据的方法需要可验证的数据加上逻辑论证来达到特定的结论。基于信仰的方法不需要可验证的数据,通常是由人传播给人,也可以从一个人的思想中独立产生。使用基于信仰的方法的最主要的好处——特别是像一个有组织的信仰系统(比如宗教)——就是七个问题的答案通常都已被全面地考虑、回答和辩护过。一个人需要做的就是接受它,而不用另外花工夫去整理出一套完整一致的答案。基于证据的方法(如科学)则通常不能提供所有问题的完美答案。你必须愿意接受不完整、不完全满意的答案,把这些回答作为寻求最终答案的过程的一部分。但这不是每个人都愿意去做的方法。

在广义和抽象的层面,两种方法都被不同的人使用。比如说,宗教是一种理解我们存在意义的基于信仰的方法,而无神论或不可知论往往是基于证据的方法。但在狭义的具体的现象里,基于证据的方法常常是唯一被普遍接受的方法,包括关于我们世界的绝大多数的科学事实(例如电的理论和实践)。

值得一提的是,对基石问题的多样性回答让我们既强健又脆弱。一方面,这7个问题的答案的多样性让人类(包括文化)得以适应变化的环境;另一方面,因为这些问题是一个人存在的核心,答案的不同(及冲突)常常导致个人或文化之间悲惨的冲突。

目标(目,O)

这是一个人决定他/她在自己的人生中想要做什么,以让自己的人生更加满意,它由"我要什么"类的泡泡决定。因为这也要受到对基石问题的答案的影响,所以也是"我在哪里"类泡泡的衍生。目标是会持续演变的,也会被规则和经历,尤其是后者的反馈所影响。一些目标是被天生的泡泡驱使(比如对食物、生殖和权力的渴望),另一些是从一个人所处的环境里学习得到的(通过"我要什么"类泡泡本身或衍生出的基石问题答案)。目标可以分为终身目标和阶段性目标，分别是终生需求（如果存在）和短期需求的解决方案。

终身目标指一个终生需求的解决方案，是可以实现或相信可以实现的。它可以是一个文化单元存在的目的。每个人的欲望存在很大的差异，不管是在他们自己的生活中还是在他们隶属的文化单元中（见《泡泡理论》）。终身目标可以较理想主义，需要激励人心，无论顺境逆境，都能够号召并保有成员参与。一些终身目标的例子包括理解生命是怎么产生的、找到治疗癌症的方法、追求一个和平没有战争的社会，或者像《星际旅行》里的名句说的那样——"勇踏前人未至之境"——等等。

终身目标是有形的，聚焦在长期。它应当被视作人生旅程的北极星。它必须要有被真正实现的可能性，但同时又要定的高大一些来激励人心。它通常旨在实现一个具体的目标，但往往实现这个目标会让我们部分满足，但又并不完全解决终身的需要。就像几百年前的探险家，他们或许出发去寻找新大陆、北极、南极（一个终生目标），但他们更深层的，真正的终身需求是探索外面有什么，找到未知的事物，并且丰富人类的知识。

阶段性目标则关注（中）短期，比如一年或几年，是（中）短期需求的解决方案。理想状态下，它们可能是达到终身目标（如果存在）的中间步骤。阶段性目标必须是具体的可操作的。它不需要非常鼓舞人心，而且可以说考虑到其关注短期的特点和任务的具体性也很难做到鼓舞人心。在这个层面，目标的变化很常见，甚至应该去预计这些变化，因为内外环境的变化会要求阶段性目标进行调整，比如原来的阶段性目标不可行了，或原来的阶段性目标没有意义了，或改变后的阶段性目标可以更好地实现终身目标。

要注意的是，一些人在决定他们追求什么目标上是短视的优化者。比如，他们可能一辈子都在追求阶段性目标，在达到一个阶段性目标前不考虑接下来的打算，或有一系列的阶段性目标排列起来，却无法指向一个解决深层的终身需求的有意义的解决方案。很多情况下，人们因为共同的阶段性目标而不是终身目标而走到一起（加入同一个文化单元）。这种围绕阶段性目标的文化单元往往会有很大的内部冲突，并常常导致这类单元的破裂。

规则（规，P）

规则是为一个特定的目的而服务的。让我举个例子来解释：艾萨克·阿西莫夫（Isaac Asimov）在他的科幻小说《环舞》（*Runaround*，1942[①]）中描述的机器人三法则"收录"于"机器人手册，第56版，2058年"。

---

① March 1942 issue of Astounding Science Fiction. Reprinted in the 1950 collection I, Robot (Gnome Press).

（1）机器人不得伤害人类，或因不作为（袖手旁观）使人类受到伤害；

（2）除非违背第一法则，机器人必须服从人类的命令；

（3）在不违背第一及第二法则下，机器人必须保护自己。

这些法则的目的是确保智能机器人会帮助人类，但绝不会成为一些人伤害另一些人的工具，也绝不会企图成为人类的主人。

人类的规则当然要复杂的多，但归根结底还是用来服务于某种目的。我们在这里所讨论的规则，就是服务于目标或基石。目标衍生出的规则是为了更好地实现目标，譬如为了帮助一个人追求个性化的目标，可以产生一个规则叫作"不要受别人的意见所左右"。基石衍生出的规则服务于两个目的：第一个是因为接受了特定基石而必须实行的，比如"不要杀生"，或者"我相信人类应当保护环境，所以我会减少消耗"，很多宗教的戒律属于这类；第二个是用来强化特定的基石组成部分，防止有人违背，例如很多宗教中的"不要饮酒"一般属于这类目的。喝酒本身不是基石的一部分，但它往往会使人失去恰当的判断力，导致背离基石。

规则主要有四种：要做的事、不能做的事、特定事件的操作和决策方法。这些规则和文化设计最为相关，我下面将详细介绍讨论。

要做的事规则是指我们该做的或能做的。这些规则通常是（但不必须是）被一般公众称赞的规则（如与人为善、诚信、公正、优秀、创新）。此外，它们既可以是定量的（比如将收入10%捐给慈善机构），也可以是定性的（比如每年要捐款给慈善机构）。

不能做的事规则是我们不该做或不能做的。很多宗教都有这类规则，如不许奸淫、不许偷盗等。这些规则通常是（但不必须是）用来阻止那些大多数人看作不可接受的行为（如偷盗、伤害别人）。和要做的事规则类似的是，它们也可以是定量的或定性的。如果是定量的，往往是零容忍，即一次都不能违反，也就是我们平时说的为人不能逾越的"红线""底线"，而且被认为是一个人"声誉"的核心组成部分。

特定事件的操作规则是指人生中某些重要的事件应当如何操作，例如婚礼应当如何组织、谁来参加、涉及的环节、人们该说什么做什么等等。这是文化中一个重要的组成部分。虽然它们可能看起来很刻板，没有什么明显的益处，但它们在潜移默化的过程中，具有非常实在的意义。

这些有关事件的规则，比如习俗，并不一定是要从上一代（历史上）传承下来的。现有的习俗本来也都是过去的人发明的，所以没有理由说一种文化不能选择发明适合它目标/基石的新习俗。举个我个人的例子，从2016年起，我开始将自己每年的生日庆祝换成庆祝我预期还能活多少年（男性的平均寿命－我的年纪）。我为自己实行了这个新的习俗，也用它取代了我学术团队里以往的生日庆祝。这个新的习俗让我们更加珍惜现在拥有的朋友和家人。同时，倒数的生日也会让大家更加珍惜以后的日子，好好规划今后的生命，想想如何过得更有意义、更有方向感。时间的紧迫性把自己内心的需求调动出来了。图3是2016年我的学术团队的一些成员庆祝这一习俗的照片，每个人都拿着盛有与自己预期剩下年岁数量相等量的面条的碗。

图3　2016年学术团队庆祝照

决策方法是一个人推论和决策的方式。它们是规则的一部分，并且对一个文化单元（个人或个人组成的群体）如何生活具有实质性的影响。每个文化单元推断和决策的方式有别。这种区别可能在于对观察的解读、取舍甄别信息的方式，对不同因素的侧重，及做决定的方法（比如他们是否用非补偿性规则；如果是，是哪些规则，又在什么处境下使用）。这种区别也可能在于决策的目标：一些可能更理性，另一些更感性；一些比另一些更处境化；一些更要求公正性，另一些更要求基本的利益均衡。

需要注意的是，规则的应用会根据受众、情境和目的而不同。规则的受众可能是自己、其他人、其他生物、非生物实体，甚至超越我们知道的世界（如超自然）。情境是规则被运用的背景环境，比如是正式场合还是非正式场合，是在公开场合还是私下，是对儿童还是成年人，等等。最后，目的是规则的目标，应用某个规则的目的是为了表示尊重、表现决心、表达爱等。同一个规则有时可以用以实现不同的目标。

经历（经，E）

经历非常关键，因为它是实现基石和目标的表现形式。经历自身也非常重要，因为它是真实的、经验性的而且独特的。我们永远不能使时间倒转去重复一段经历，它构成了我们每个人的人生故事，从而定义了"我们是谁"。

经历可以分为两类：大脑内部主导经历和外界主导经历。大脑内部主导经历是独立的大脑活动，不需要外部信号的刺激，例如梦、冥想、宗教体验、思考。这种经历类似于有些学术文献中用到的内在心理经历或主观经历等术语。外界主导经历是由声音、视觉、气味、滋味、触感等外界刺激驱使的。它类似于感官经历等术语。我将产生这类感官经历的虚拟经历（或想象的事件），比如看到和听到海滩的美景和声音而没有真正在海滩上，也看作外界主导经历。

规则和经历息息相关，但也在很多维度上有别。第一，抽象与实际发生。规则是抽象的，而经历是实际发生的行为。第二，不对称的关系。规则通过禁止特定经历和确保被允许的经历能遵行相关规则来指导经历。而另一边，经历是规则（比如习俗）的实现，并能为规则未来可能的修改提供反馈。第三，具体与总体。经历永远是基于事件的、具体的、有很多细节的。规则可以是非常详尽的指示（描述某个经历应当如何操作）或是总体的原则。不同的经历可以由详细的规则（比如婚礼）或相关的总体原则指导。

经历也可以提供对基石和目标的反馈。比如，一个人生命中经历了某些事件后可能会改变他对基石七个问题的回答。我们经常听到人们在某些人生事件后信奉宗教，或经历了另一些人生事件后成为不可知论者。在一些人生经历后修改目标就更常见了，不管是终身目标还是阶段性目标。

第四章
文化焦点的组成规模及组成形式

　　文化可以在不同的组织层面上来解读和设计。文化设计范式用四种不同规模的组织视角来分析文化，分别为原子规模、微观规模、中观规模、宏观规模。这些规模层次的区分从一定程度上和社会组织理论有些相似之处。在本章里，我将在文化设计范式的架构下简要地讨论这四种规模的组织（及他们的主要形式），然后对在同一个组织规模中的文化的收敛做一个融合的探讨，及其可能的从较小规模到较大规模的演变。

　　文化设计范式所采用的组织规模，以及他们所对应的不同形式如下：

- 原子规模（自我）
- 微观规模

- ■ 家庭（亲属基础上的）
  - ◆ 二元家庭（伴侣、亲子）
  - ◆ 核心家庭
  - ◆ 多代家庭
  - ◆ 家族
- ■ 非家庭群体（非亲属基础上的）
  - ◆ 主要熟人组群
  - ◆ 次级熟人组群
  - ◆ 三级熟人（非群组）
  - ◆ 陌生人
- ● 中观规模
  - ■ 实用型组织
    - ◆ 公司
    - ◆ 学校
    - ◆ 非营利组织
  - ■ 规范型组织
    - ◆ 政党
    - ◆ 宗教组织
    - ◆ 兄弟会
- ● 宏观规模
  - ■ 社区
    - ◆ 以地理位置为基础的社区
    - ◆ 行政设立/法定的社区

- 社会
  - ◆ 国家

原子规模（自我）是文化的核心。人们会很自然地制定自我的文化元素，然后将它们投射到更高层次的组织规模中。这样，更大的组织规模里的文化元素要么是自我的文化元素的直接反映，或者至少与其保持了一致。但在较少的情况下，还是会有人因为外部的压力（或好处），而参加一个和自我文化不融合的更大规模的组织（如家庭）。这个时候他往往要带一个面具，把自己深层的文化元素在这个更大的文化单元里藏起来。

微观规模的文化对应了社会组织的微观层面。我结合了查尔斯·库利（Charles Cooley）在他的《社会组织》（*Social Organization: A Study of the Larger Mind*，1909[①]）一书中所提出的关于主要团体和次级团体的想法。库利的主要团体这一核心概念指的是紧密连接的组织成员得益于成为这个团体的一员，但这个团体本身并不是为了达到某些具体目的。主要团体往往是小而持久的，成员会在一起度过许多的时光，彼此在各个方面都十分了解也互相关心，并且共享价值和文化观念。主要团体是一个个人在身份认同上的重要部分，包括家庭、密友（童年伙伴）。相比之下，次要团体往往是暂时的，而且是

---

① Charles Horton Cooley. *Social Organization: A Study of the Larger Mind*. New York: Charles Scribner's Sons, 1909.

为了实现特定的目标而建立，如职业（如行业协会）、副业（如爱好）、共同经验（如同一所大学的校友、同一个城市的居民）。次级团体往往比主要团体大得多，人们通常会从次级团体中选择一些成员建立主要团体。

在本书中，我将微观规模划分成了家庭（亲属关系）和非家庭群体（非亲属关系）两种，以突出两者在文化上的重要区别。我将亲属团体分成了四种形式：二元家庭（一对配偶，或单亲和子女）、核心家庭（父母和子女）、多代家庭（祖父母与核心家庭）和家族（有血缘关系的人群）。虽然库利将这些都定义为主要团体，但它是一个连续体，也就是说氏族成员之间的关系可能会比核心家庭中成员间的关系弱得多。所以我在文化设计范式里把它们分离开。

非家庭群体除了被分为主要熟人组群与次级熟人组群，我还增加了三级熟人和陌生人两种以反映那些没有被常规的社会结构所重视的文化单元及元素。三级熟人并不在一个共享的团体中，而通常是一个两点的关系，如一个三年级的老师和他的一位学生或者学生的家长，或某咖啡馆的一名常客和一个知道该客人名字的服务员。文化也同样应该包含完全是陌生人的关系中的交往元素。

中观规模对应的是社会组织中的正式组织[①]。我在这里

[①] Etzioni, Amitai. *Comparative Analysis of Complex Organizations*, Rev. Simon and Schuster, 1975.

借用了两种正式组织的分类：第一种类型是实用型组织，也就是那些为了达到特定的目的而建立的组织，这其中包括了公司、学校、非营利组织等组织形式；第二种类型叫作规范型组织，它们是在对基本的或更广的领域（如道德承诺）上拥有共同的信念而建立的，而不是为了某个特定的目的。这其中包括诸如政党、宗教组织甚至兄弟会这样的组织形式。

宏观规模可以分为社区和社会两个层面。社区拥有不同的形式，通常由地理位置或行政规划（法定规划）决定，可以是一个村，一个小区，或者是一个城市。社会则通常指一个国家。和中观规模相比，宏观规模不一定必须有更多的成员，但性质上会比中观规模要广义的多。

文化的一个主要挑战是如何确保对同一个人而言，他参与的各个文化单元（不同组织形式）的核心是一致的、或者至少是不矛盾的。换言之，一个人自身的基目规经框架必须与他的家庭、非亲属组织、他所工作的组织、他所生活的社区和社会的基目规经框架不冲突。在此有几点值得一提。

第一，并不是所有文化的基目规经框架都需要在某个组织规模（或形式）中被具体确定下来（或公开出来）的。比如说，基石可能并没有（或者并未完全）必要在某个中观规模组织中被明确出来，但一个确定的且大家同意的基目规经框架的团体会比其他的更强。

第二，一个健康的文化单元并不需要每一位成员都具有完全一样的基目规经框架。只要它们是兼容的，或者大家愿意妥协或包容别人,就可以确保一个和谐的文化单元。举个例子,一个人本没有兴趣养育子女,但为了满足配偶的期望(如她的目标里包含了我为我的孩子而活)而妥协。

第三,看似和谐的文化单元并不意味着它是健康的、能够长期稳定的。这可能只是因为一个能够导致强烈不和的事件还没有发生。因此,这种文化单元的成员必须保持警觉,在理想情况下更应预先排除可能影响他们的任何潜在问题。

第五章
文化个型、文化实体与文化品牌

一种文化不仅仅是一个概念框架和一个蓝图。当文化构架和实践它的人结合后，文化是一个丰富、有形的东西。在本章节，我将讨论文化个型（以及型、亚型）、文化实体与文化品牌等相关概念。这些概念对于所有不同组织规模和组织形式都适用。在定义了相关概念后，本章会重点介绍文化品牌，包括它的对内性、对外性、构成要素，以及衡量品牌内、外向强度的两个指标。

定义

文化个型指的是被一个文化单元（在任何组织形式下，如个人、家庭、主要熟人团体或公司等）使用的一个特定的基目规经框架。当一个文化个型被在同一种组织形式下的很多不同文化单元所采用时,这种文化个型就被称作文化型。文化亚型是同一个文化型里有微小但是明显区别的,被有一定数量的文化单元采用的变型。文化个型、文化型、文化亚型都是抽象的,但同时是具体化的概念。

文化实体指的是实践某个特定文化个型(型、亚型)的一个具体文化单元,可以是在任何文化组织形式里。文化实体在本质上是经验性的,它包括了文化个型(型、亚型)、实践它们的人和实践的行为。这意味着如果两组人采用了完全相同的文化个型,他们仍可能被认为是两组不同的文化实体(比如两组对同一个基目规经框架的实践有区别,或在其他没有被文化个型明确定义的方面有所不同)。由于人(及人的组织)从本质上讲是个性化的,存在两个一模一样的文化实体的可能性基本不存在。

文化品牌是文化实体的精华。它代表了一个文化实体的最主要的特征,及和别的文化实体的重要区别。由于一个人在各种文化规模里参与一个或几个文化实体,他会需要维护一个互相补充的文化品牌的集合,或者至少不互相矛盾的品牌的集合。从这个角度来看,我们可以把品牌集合中的主要元素统一称之为一个人的复合品牌。

文化品牌化的三个理由

将文化品牌化主要有三条理由。

首先，是为了方便沟通。品牌化有助于内部成员之间或者与外部人员之间的沟通。人们往往没有时间，不愿意，或不可能将自己的全部告诉他人，一个文化品牌可以快速而有效的转达一个文化实体的精华。

其次，是为了增强内部力量。品牌化增强了内部成员之间的凝聚力，并会促进基目规经框架的实践。通过强化文化实体的核心含义并能将其传达给他人，文化品牌可以更进一步地建立成员的身份认同。它同时也有助于推动文化的实践，因为对于成员而言记住一个品牌会更容易。也让外部人士对成员施加直接或者间接的压力，来确保他们的行为与品牌的一致性。

最后，是为了增加外部信誉。品牌化可以帮助建立内部成员在外人面前的地位，并增加外人愿意与其交流的可能性。从这一点上来看，和一个产品或者服务品牌相似，一个文化品牌告诉他人它代表的是什么，同时让其任何成员甚至在陌生人面前也能马上得到同样的信誉。从要与这个文化实体互动的外部文化实体的角度来看，一个品牌可以简化决策过程，让外部文化实体很快的准确的选择是否要和这个文化实体交流合作。另外，这也提供了一个额外的成为该文化实体成员的理由：一个人可能会加入一个文化实体因为该文化品牌代表他的文化个性，或者代表他想要成为的文化个性。

文化品牌的对内性与对外性

　　人往往都会自然地想要保证一些事情的私密性，更不用说某些事情一旦向公众透露，哪怕是对内部人士鼓舞人心的事情，也可能会被他人认为是傲慢的、不切实际的。而且，让一个人的文化个型赤裸裸地被今天这个互联互通的世界所评判，也许只会适得其反，并且可能会得到不必要的负面反馈和修改建议。因此，文化设计范式建议建立一个同时具有对内性和对外性的品牌：一个面向文化实体内部的成员，一个面向外部人士。

　　品牌的对内性要求它应当代表全部的文化实体的核心。品牌的对外性，则只需要代表该实体的一个子集。这个对外的品牌应该专注于"目"的一个或几个元素及与其相关联的"规"和"经"，加上与之相关的成员和行为。鉴于有些人可能会觉得带有分歧甚至有冒犯性，是否将"基"或"基"的一部分加入品牌对外性需要仔细地考虑。需要注意的一点是，对外品牌必须与对内品牌保持一致。虽然它未必需要全面的代表对内品牌，但它必须是对内品牌的主要组成部分。

　　许多公司在他们的产品或服务品牌的基础上，还有大的代表整个公司的企业品牌。尽管这种企业品牌似乎与我们讨论的对外品牌有些类似，但实际上他们有着根本的区别。第一，企业品牌并不是基于文化设计范式建立的，虽然它可能包含符合文化设计范式的部分元素。第二，企业品牌通常只关注创造外部人士关注的品牌价值，而并没有把提高内部力量作为其关键目的之一。

建立文化品牌

我在此列出三个在建立文化品牌时所需要构建的关键要素。

首先要考虑的问题是品牌的精华是什么？品牌所要代表的文化个型和人（及其行为）为何？该品牌对内、对外是否能够代表他们？这些都应该从最能够满足文化品牌化的三个目的的文化元素中选出，并覆盖品牌的对内性和对外性两个方面。一个文化品牌可能会需要几段文字来描述，但不应超过一页。

其次是需要提出一个既考虑对内性又考虑对外性的品牌定位声明。我们也需要一个与定位相符合的简短的品牌名称来代表这个品牌。品牌名称和定位声明都应该具有易记、易懂、适合交流的特点。文化品牌名称通常应该是2—4个汉字的组合。

最后是必须确定该品牌的实际表征。这其中最重要的两个便是标志（符号、商标）和颜色（例如我在2016年后购买的服饰都是红、黑、蓝、白四个颜色）。其他额外的实际表征包括旗帜、音乐/歌曲。在有些组织形式里，也可以考虑选择图腾或吉祥物来作为他们特有的代表。

文化品牌向心力

文化品牌的第一个衡量指标是品牌向心力，它可以用来衡量品牌对内的强度。我将其定义为一个属于某个文化实体的人背离该文化实体的可能性（或者可能导致该行为的条件）。实际的例子可以包含离婚、友尽、个人生活的挫折等等。在公司层面，它可以用其他公司需要支付多少（更高的）工资来挖走该公司的现任员工来衡量。这个指标可以捕捉到成员的满意度和黏性。

对品牌向心力具有重大影响的活力征象是一个文化的可信度、协和度、归属度和向往度。

品牌向心力应该是一个可量化的指标。向心力越大，品牌的忠诚度（容易吸引并保留成员的程度）就越高。这个指标也可以用来跟踪品牌在不同时期的表现，并在不同文化品牌间进行比较。

文化品牌影响力

第二个指标，品牌影响力，则是用来衡量品牌对外的强度。它是指当一个人透露自己是某个文化品牌的成员时，他能够得到的额外的尊重与社会地位。

对品牌影响力具有重大影响的活力征象有品牌的前瞻度、归属度和向往度。

这也同样应该是一个可量化的指标。影响力越高,意味着外部世界的成员对于该文化有着更高的认可。与向心力指标一样,影响力指标也可以用来跟踪品牌在不同时期的表现,并在不同文化品牌间进行比较。

第六章
文化设计应用方法、收敛与公私不同部门的作用

本章简要讨论文化设计的应用方法、收敛与公私不同部门的作用。一般而言，政府、非营利组织和营利组织可以扮演两个主要的角色。第一是鼓励其成员（在有关的各种组织规模中）制定自身的文化个型。这是促进者的角色，不会去引导哪种基目规经框架的要素应该被采纳。第二是影响者的角色，目的是引导成员采用某些其认为可取的特定文化基目规经框架的要素（或完全接受某一个文化个型）。这第二个角色通常会导致文化个型（型、亚型）的收敛。本章讨论的是这些实体的影响者的作用，因为他们可能对成员建立自身"最优"的文化个型具有极大价值，但也可能引导这些成员去建立仅仅为这些社会实体服务的文化个型。

设计（重新设计）的应用方法

　　文化实体可以是被动发展的，其成员的外部环境决定他会采用什么样的文化元素。但一个人也可以主动地去确定他所要采用的文化个型，这就是文化设计。把文化设计范式应用到具体的文化单元的方法有几种，但无论哪种方法，它们都基于这一范式中的基目规经框架。

　　一个常用的应用方法是所谓的按需修改的方法，或通俗讲的"灭火"的方式。有了问题就通过修改文化个性来解决那个具体的问题，没有问题就不改。这种应用方法不会对优化文化个型做系统性的重新设计，但容易使用，不用动太多的心事。

　　当然，一个人可以对自己的文化个型进行系统性的设计（重新设计）。这里的系统性设计是指对一个人的文化个型进行全面评估，然后去整体地进行改进，而不是去解决一个特定问题的方法。系统性设计一般可分成三种方法：个性方法、范例方法和规范方法。本书的第十一章会对它们做具体的描述，以华礼文化的重新设计为例。

收敛

　　随着时间的推移，不同的文化个型可能会在各种组织规模（或形式）中逐渐收敛成为某些常见的类型。如果一些人在较小规模上拥有足够多的共性，这些元素几乎都会自动成为更大规模的主要文化个型的一部分。举个例子，如果在自我层面，许多文化个型都采纳了"第一次见到长辈时鞠躬"这一规则，这就会自动成为社会这个文化组织形式里的规则。收敛对于文化的长期有效性非常重要。因为那些收敛的元素，可以像糯米那样，将一盘散沙黏成万里长城。下面讨论的是在同一种组织规模上的收敛。

通常而言有两种形式的收敛。第一种形式没有主导性（在某组织形式中占据很大比例）的个型，而是许多个型在它们的"基目规经"框架的组成中，拥有着共同的元素。有两种途径可能导致这一种形式的收敛。首先，文化实体可以在保证他们独有的元素的同时，通过修正他们的个型来纳入共同的元素（图b）。或者，很多人放弃了他们原来的个型，而采用了一种包含这些共同元素的个型（现有的、修正的，或新的个型）（图c）。第二种形式是存在几个具有主导性的个型（型），其中每一个都有很多的文化实体采用它。在这样的情况下，那些主导的个型并不需要拥有共同的元素。这种收敛往往发生在大多数实体最终切换到这些主导个型的情况下（图d）。

收敛有可能发生在四种不同的机制里，这些机制有时也会同时起到促进的作用。第一种是自上而下的计划式的机制，常常由政府运行，也最有可能成功。它需要一个有能力

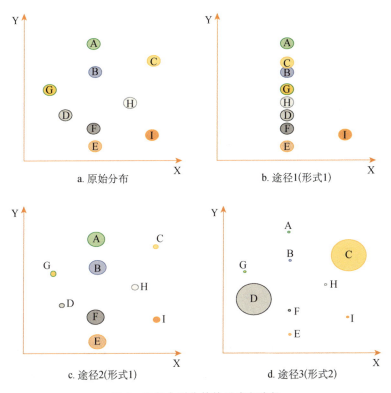

图 4 文化个型收敛的形式和途径

X，Y：两个文化个型的（抽象）轴
A-I：不同的文化个型，一个字母代表一个不同的个型
圆圈大小：代表使用相对应的个型的人数，圆圈越大，人数越多

去设计并且执行的组织，比如一个强大的中央政府里的专门机构。第二种是通过营利机构的催化剂式的机制。营利机构的驱动力主要来自商业价值的捕捉。特定的收敛可以产生相

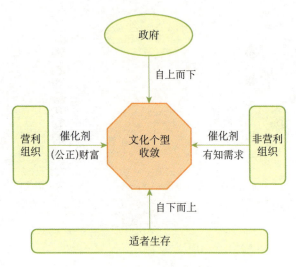

图 5　文化个型收敛的实现机制

似的有相当大支付意愿的需求,这样的话营利机构可以创造具有商业价值的产品和服务来满足这些需求。第三种也是催化剂式的机制,只是依靠的是非营利组织。非营利组织的驱动力往往来自他们自身的有知需求和他们达到某些特定目标的渴望(如想要努力推动社会减少对动物的杀害)。第四种机制是一种自下而上的机制,或者可以说是"适者生存"的机制。在这个机制中没有外部力量的干预,通过该机制诞生的收敛完全是有机的。它可以使得最佳的个型得以保存,也允许它们的组合与演化,但它也有可能会一无所成(复杂系统的生成的概念)。

政府的角色

如果有意愿、有能力，政府也可以对文化类型的收敛产生巨大的影响。政府通常不具有设计文化的功能，而是服务于那个使其拥有政府权力的文化。然而在一些情况下，政府可能会觉得直接参与一个文化的塑造会有很大的好处，比如可能帮助政府为公民创造更好的福利。比如说，某些文化元素的缺乏（或存在）可能会对政府管理造成困难或者降低政府管理的效率（例如懒惰被容忍，甚至被美化为休闲放松的文化），或某些文化元素的缺乏（或存在）可能导致很难建立共同的目标（例如不鼓励帮助弱者的文化），或某些文化元素的缺乏（或存在）导致政府自身难以在世界舞台上得到尊重及身份认同（例如缺乏令人钦佩的独特元素的文化）。

如果一个政府认为积极参与文化的塑造是符合国民的最佳利益的，那么它也可以选用文化设计范式来设计公民最高集体福利的收敛的文化。当然，这取决于该政府觉得自己是否有能力完成这一目标。为了实现这一目标，政府必须设计出一种宏观文化（以及有关的更小组织规模里的文化型），并且使其公民相信他们会从中受益，这就已经不是小事了。更具挑战性的是，政府需要通过法律和法规等官方或者半官方的努力，及正面的鼓励和奖励，去诱导公民采纳这一文化。

一个显著并成功的政府影响文化的例子是新加坡。二战后,新加坡政府设计了许多文化元素以振兴人民精神。回顾历史,美国文化在很大程度上也是由这个国家的创始人所设计的。在美国宪法和权利法案里的思想,已经成为美国文化的独特组成部分。

非营利组织的角色

与政府不同,非营利组织往往侧重于一个或者非常少量的文化个型中的元素,且不具有政府那样的官方权力。所以,它们必须采取其他的手段去达成目标。它们的动机通常来自于它们对于某种社会文化在其最关注的问题上的理念(比如相应的规则)。

不同非营利组织的影响有着很大的差异,这取决于它的原因(那个它希望社会文化收敛的元素)、它的资源以及它的执行能力。非营利组织从本质上来说就是非常热衷于它所关注的问题的,但这种关注可能造成它对某些文化元素采取极端立场,而过分强调某种它关心的元素(凌驾于其他所有文化元素之上)。

非营利组织影响文化的一个显著案例就是美国的 PETA。它在发展保护动物权利的文化方面取得了非常大的成功。

营利组织的角色

一家追求利润最大化的公司也会愿意且能够影响文化。一家有创意且充满野心的营利公司（或者一个企业联盟）承担起这样的任务是非常自然的，它们的动机很简单——如果它们能够推广一个特定的文化元素，它们就能够通过提供满足该元素的产品或服务，来为其股东创造巨大的财富。

从社会角度看来，营利组织的这一动机最令人担忧。它们可以是由纯粹的经济利益或者自身的便利驱使，但对长期的文化利益造成相当大的损害。它们甚至可能创造一些毫无意义的文化元素。换言之，这不但对文化的活力没有任何贡献，甚至可能背道而驰并造成破坏。在西方文化中，一个企业创造文化元素的例子就是钻戒的规则——新郎应该为新娘购买订婚钻戒，并且要为此花上 2—3 个月的工资。但这是钻石行业为了增加产品需求所创造的文化元素，没有别的文化价值。最近在中国也有一个值得注意的例子，就是"双十一"，又称"单身节"。推进这一"节日"的唯一目的就是为公司创建一个销售活动。

但一个有社会责任的公司是可以找到双赢的方案的：推动一个能提高社会成员最佳利益（比如某种文化活力指标）的文化元素的发展，同时这个文化元素又能为自身创造一定的经济利益。

第二部分
用文化设计范式来分析华礼文化

　　第二部分将从第一部分描述的文化设计范式的三个方面简要分析华礼文化。第七章通过各个活力征象来讨论分析当今华礼的文化活力，对华礼文化每个活力征象的整体评估通常会由某个华礼组成规模中的基目规经构造的例子来支撑。第八章描述了可作为华礼文化的基石、目标、规则、经历四个组成部分的一系列元素。这虽然不是华礼文化的全部元素，但它们包括了人们可以用于华礼文化、吸收进他/她自己的华礼文化个型的核心要素。这些元素可以在一个或多个组成规模中服务于一个或多个构造的组成部分，以提升一个或多个活力征象。第九章简要描述了华礼文化四个组成规模，并（贯穿基目规经构造和活力征象）集中强调了这些组成规模会得益于重新设计的原因。第十章讨论了华礼文化品牌。最后，第十一章讨论现实生活中实行华礼文化设计可以遵行的三种应用方法：个性方法、范例方法和规范方法。

第七章
当今华礼活力

当今华礼文化在六个活力征象上做得怎么样？它在文化活力的四级体系里属于哪一级？严谨全面评估（参见《中国蹊》〔*Chinese Way*〕，2014）的结论是：当今华礼文化满足操作性文化的要求，也带有一些可持续文化的活力征象，但离向心力文化的活力征象还有相当大的距离。下面我围绕六个活力征象对当今华礼文化进行一个扼要的分析，并用某个具体的组成规模中的有关的基目规经框架举例说明。

当今华礼文化是可定的（名义性文化）

可定的文化包含基本的文化要素，而且其中有些是自己独有的。不管人们怎么看待当今华礼文化，大家都能同意的一点是它包含了足够多的独特要素（包括语言），是名副其实的可定的。虽然它可定性目前是可以确保的，有些华礼社会的成员中非常担心当前的一个趋势：很多华礼人在不加选择地吸收外来文化元素。如果这种趋势继续下去，它本身独特的那些元素会退居次位，甚至被舍弃。同时华礼文化的很多核心元素，例如习俗（节日）等当下已经越来越演化成商业活动，其原有的文化意义和形式都在迅速被淡化甚至遗忘。

当今华礼文化是基本可信的（操作性文化）

可信的文化是指一种真实的、可实施的、有后果的和具有倡导者的文化。这样的文化对于内部成员和外部人来说都是活的。华礼文化就当前的状态来说是基本可信的，虽然在有后果这一活力指标上不是很高。

华礼文化有很多被大多数成员实践的真实元素，这些元素通常也是可实施的。不过当今的华礼人对自己的文化元素有种随意的态度，所以某种程度上使得他们可以对文化实践随心所欲，在大部分情况下，他们不会因为做了或没做特定的文化元素（比如某种规则）而受到来自社会的压力或鼓励。部分中国大陆的公民，特别是年轻一代，已选择全心全意接受西方生活方式，而舍弃了自己本源的一些核心元素。但他们也不会因为这样的行为在社会中面临任何严重的负面影响，更不会被排斥。

让我用婚姻（离婚）规则的演变作为一个后果被淡化的例子。虽然历史上有很多规则规定了丈夫什么时候可以休妻，在七出（不顺父母、无子、淫、妒、有恶疾、多言、窃盗）中写得很明确，但是也有三不去，特用于防止此类权力被滥用，包括有所取无所归，与更三年丧，前贫贱后富贵。事实上在唐代，妻子也可以用一个叫"义绝"的规则与丈夫离婚。不幸的是在当下，大多数人对这些规则抛置脑后，离婚的原因与一些好的华礼规则背后的道德基本无关。当今中国大陆常见的离婚原因之一正是贫穷时结婚的夫妻后来有一方变得富有，所以这些规则不仅仅是在人们即便还有其他合理原因时都不能再起到防止离婚的作用，相反它们成为了离婚的理由，而社会似乎也接受了这样的做法。

　　文化倡导者是对实践文化有热情、宣传和守护文化的人群。当今华礼社会有不少文化的倡导者，不过他们的影响都有限，而且倡导的文化有显著区别，缺少共识。比如说，有些人提倡回到历史上荣耀的往昔，通常是建议基本上照搬历史上曾存在的体系，比如封建制度下的儒学，这些想法往往侧重向后看而不是向前看。这些倡导者的跟随者数量和拥护度也是有限的。

当今华礼文化的协和性有限（可持续性文化）

　　协和的文化内部冲突低，漏洞少，而当下的华礼文化在这些活力指标上的表现很不足。华礼文化内部的冲突不仅存在，且盛行；不仅在幕后，公开场合也同样盛行。引发如此严重的内部冲突的主要原因不是华礼文化内生的，而是当下华礼文化的两个特性：它基本上允许它的成员拥有任何元素，同时，它有着避免冲突、避免批评他人的惯例，以努力维持一种看似和谐的关系。然而这两个特性的组合恰恰引发了更多的、更严重的冲突，第一个特性是冲突的缘由，第二个特性造成了冲突的严重化（小病不治成大病）。就像在幼儿园里，如果孩子们可以为所欲为，而老师们却不制定和实施特定的行为准则，最后肯定会引发很多大的冲突。

当今的华礼文化也存在不少漏洞，在本该、也确实曾存在过规范的很多文化构造里，这些文化元素已不复存在。这一点我们只需要关注一下当今中国大陆孩子和父母的家庭关系就能知道。孩子顺服父母的传统方式不复存在，但又没有替代性的规则被采用。在这样的真空中，很多孩子在成长的过程中没有养成他们与父母间合宜的关系。这给很多家庭，甚至社会造成了很多的问题。

当今华礼文化是部分前瞻的（可持续性文化）

前瞻的文化是现代、公正和可适应的。在这一文化征象上，华礼文化在一些方面做得很好，在另一些方面却不尽如人意。华礼文化的多样性在引起其他问题（如内部冲突）的同时使其在变化的环境中具有高度适应性,正如自然选择的过程。这是好事。

华礼文化在很多方面可以称作现代,但在一些方面仍是落后的。在国内的一些地区和生活的某些方面,歧视和偏见的文化元素仍广泛存在,并且往往是在所谓的传统和好心的理由下。比如说,女性在社会和家庭中的角色。一个年轻女性如果30岁还没结婚,通常会受到来自家庭和社会巨大的压力。在一些地区,女人仍被看作家里的二等公民,必须顺从丈夫。

满足前瞻性需要的是"公正"这一活力指标。在当今华礼人中非常缺乏的是对什么是公正的独立评估,以及在决策和生活中遵守这一指导原则的强烈意愿。我们很难完全具体归因,但有两个因素或许在很大程度上导致了这一现状。一个因素是持续了两千多年、一百多年前才结束的封建制度。在这一段漫长的历史时期里,皇帝是他国家里每个人的主人,他的法令不容置疑,皇帝的决定,不管在什么处境中都代表着公正。因此,对于公正的一致认识不曾存在,也不需要存在,事实上,任何相关的讨论在封建制度中都可能是造反被杀头的理由。另一个因素是20世纪初中国旷日持久的战争,以及"文化大革命"等重大文化事件。这些事件改变了,甚至翻转了一些华礼人对公正的看法。很多华礼人认为公正的意思就是平等,这样对公正理念的大幅简化引起了华礼文化内部相当大的意识形态冲突。

当今华礼文化是部分归属的（向心性文化）

带来归属感的文化需要有历史、（个体的）里程碑、友爱以及安全感。华礼文化的很多成员对自己华礼人的身份有着爱恨掺半的感情。一方面，他们为自己和华礼文化的关联很自豪，且认同这一文化的很多元素；另一方面，他们对华礼文化现存的很多内容（如缺少道德观）是高度批判的，也不希望与这个群体在这些方面联系起来（有个很有名的例子，是说一位中国女演员在美国待了很多年后，在中国的一次电视采访中批评了很多她觉得不舒服的现象，并且她的评论以"你们中国人"开头）。

很难找到一个不以自己文化的悠久历史为豪的华礼人。这无疑增强了归属感，并成为成员之间很强的纽带。这方面的危险不在于缺少历史，而是缺少对无偏见的历史好的教导。很典型的是每当封建朝代更迭，新的政权会为了自己的目的重写历史，而不受欢迎的证据就被毁坏，永远遗失，从两千多年前的秦始皇开始就是如此。如此长时间多样性群体留下的璀璨历史也是把双刃剑，年轻的华礼人淹没在这些历史中，不知道他们应该铭记和珍视哪些最重要的事。

当今华礼文化在归属活力征象上缺乏最多的是对一个成员的生命有重大影响的文化里程碑。当今的华礼文化缺失与一个人不同人生阶段（比如成人）相联结的文化礼仪（而不是吃一顿，旅游一次之类的活动），也极少有可以影响到他们人生的文化活动（比如华礼社区的某种团体志愿活动）。

华礼人之间的友爱在一定程度及一定范围里存在，特别在共同的世界观、规范和期待等方面存在一些交集，虽然不一定存在将成员凝聚起来的文化共识。华礼文化非常强调对待自己的同乡要与对待其他人不同，这种意识在有些地域特别强烈，这和华礼文化的众多方言也有关，可以很容易地区分出老乡。在一起说家乡话往往会增进大家的亲热感。

当今华礼文化在安全感这一活力指标上则较弱。在有些情况下，有些成员甚至对某种非华礼文化的人的信任超过华礼人。这对一种文化来说自然是不健康的。如果华礼文化要成为真正归属的文化，必须下工夫解决这个问题。

当今华礼文化在渴望向往（向心性文化）

向往文化建立在恰当的目标、人和事件上，激励成员在人生中追求更多更大的成就。它会对成员和潜在成员形成巨大的吸引和忠诚度。在 20 世纪很长的一段时间里华礼文化对它的大部分成员来说不是一个向往的文化，但这一情况现在在改变。中华人民共和国现任政府提出其目标是实现中华文明的伟大复兴。有这样的追求作为背景，可以相信华礼文化在未来的数十年会获得和增强其向往的活力征象。当然，华礼文化的向往到底是什么还需被具体定义，也需要考虑应该吸收什么元素（目标、事件和人）来达到这个目的。

华礼文化有无数历史人物可以成为支撑向往的人，挑战在于其中很多人有许多政治包袱，且常常在一些思想领域中是落后的。像孔子这样的智者提出的思想学派也常是为了迎合强大的君王和皇帝，而不是单单（独立）为创造思想的动机所驱动，这就造成他们同时被很多人批判，也被另一些人歌颂。另一点在华礼文化中，和自己历史上的文学家、政治家、军事家等相比（也和别的文化相比），缺少让人向往的科学家。华礼文化的历史常常着重于征服和权力争斗，书写的事件也与之相关。相对来说，所有成员向往的无争议的事件较少，这需要系统的、有目的地去寻找和总结。华礼在这个文化征象上的挑战不是缺少恰当的人物和事件，而是在识别和颂扬这些历史（和当代）无争议和激励人心的人物和事件上下的工夫还不够。

第八章
当今华礼架构

　　文化设计范式要求，基目规经框架的四个结构组成部分中的相关元素最好是它的遗产文化内生出来的。在这方面，华礼文化有令人艳羡的可以用于文化更新的元素宝藏。在本章中，我概述了第一章定义的一些主要的华礼遗产文化元素。在这里，我的目的不是列举所有的遗产文化，而是强调一些最可能被使用的华礼遗产文化元素，并且具体描述什么文化元素符合文化设计的要求。这些文化元素是华礼文化的四个基目规经框架组成部分的构成材料。其中很多元素可以用于多个组成部分，因此我在这里把它们按照信仰体系、社会交往规范和习俗，而不是四个结构组成部分来组织。当然，这些遗产文化元素的存在并不意味着它们会被大多数华礼人恰当地吸纳，有些也不一定是应该被大多数华礼人吸纳的。

信仰体系

我用"信仰体系"这个短语来代表传统意义上的信仰体系以及基于证据的思想体系。华礼文化的信仰体系可以分成三个类别：有组织的信仰体系、社会思想和民俗传统（表4）。

有组织的信仰体系

有组织的信仰体系包括宗教和准宗教。华礼遗产文化里最重要的三个有组织的信仰体系是儒教、佛教和道教。华礼人或多或少都受到儒教的影响，即便他们可能会宣称信仰别的体系。儒教满足本源的标准。佛教虽然是外来宗教，但它对中国人的思想和行为有同等重要的影响。同时，佛教一千多年来被华礼僧侣丰富，到如今华礼的佛教已经有了独特的特征。佛教满足主导的标准。最后，道教是另一影响深远的信仰体系，它满足本源的标准。还有其他一些有组织的信仰体系也满足华礼文化遗产标准，但不如以上三个有影响力，由于本书篇幅有限，在此不予讨论。在这些有组织的信仰体系之外，民间宗教的集体实践也是极有影响力的。虽然不同的人群和区域会实践不同的民间宗教，但他们往往都包括祖先崇拜。

表 4　主要华礼信仰体系

类别	起源	是否自成一体及全面	是否允许吸收其他信仰体系的元素
有组织的信仰体系			
儒教	中国	是	否
佛教	印度	是	否
道教	中国	是	否
社会思想			
科学与逻辑	西方	是	否
共产主义	德国、俄罗斯	基本是	很少
社会主义	德国、俄罗斯、中国	基本是	一些
享乐主义	西方	一定程度	是
资本主义	西方	一定程度	是
民俗传统			
家庭、部落、民族	中国（区域）	否	是
封建体系(如科举制度)	中国	否	是
常识	中国	否	是

社会思想

与其他文化不同,中国大陆几乎所有的华礼人在成长过程中都被教育为无神论者或至少是可知论者。事实上,华礼文化可能是拥有无神论/可知论者最多的一种文化,不管从绝对数量还是相对比例来说。由于无神论/可知论并没有提供可以即刻使用的人生指导手册,一些人会向科学和逻辑寻找答案,另一些人会跟随其他的社会思想学派。我列举了中国比较典型的几种社会思想。

第一类是基于社会主义。它的一个终极形式是共产主义,虽然在现实生活中,华礼人中基于共产主义的教导生活的还比较少。但无论观点如何,很多华礼人都被这一思想学派的元素影响。社会主义是当今中国的指导思想。毛泽东思想是中国社会主义的主导形式,现在仍然对很多华礼人的观念和行为起到支配作用。从20世纪70年代末改革开放起,邓小平理论变成了规范,影响了几代大陆华礼人(更详细的讨论见《中国蹊》第39章,2014)。邓小平理论由三个主要部分组成,被称为"猫论""摸石头论"和"不争论"(《中国蹊》第253页,2014)。邓小平理论的本质是实用的社会主义,其目标是改善人们的生活,而不是僵化地维持意识形态原则。虽然社会主义的思想最初是外来的,但之所以能成为华礼文化,是因为它经历了大量的本土化过程,并成为一个时期的主要形式。

第二类是中国当今一小部分人崇尚的一些生活方式。它包括享乐主义和资本主义。金钱财富胜过一切，很多人都把钱当作人生中最重要的目标。在这里的用法中，资本主义主要不是指一种经济理论，而是指一种来源于这个理论背后的根本理念（譬如市场的力量，允许人和企业失败）及媒体上（电影电视、社交媒体）可见的美国等资本主义国家的生活方式样板（虽然它们并不能全面地反映这些国家的文化）的组合。虽然这类社会思想历史不长，却已经被相当大一部分人接受，应当被认为是华礼遗产文化，即便很多华礼人对此失望。

民俗传统

华礼文化又老又新，虽然由华礼人组成的世界第二大经济体已经遍布了鲜有国家能匹敌的现代基础设施，但许多华礼人仍然非常相信和实践民间传统。华礼人是一个多样性群体，虽然因为两千多年的儒学主导地位有着共同的价值观，但区域化的传统与主流观念共存。在我去过的云南省一些地区，常常可见人们在同一个庙宇中崇拜佛教、道教和他们乡间的神明。许多民族拥有自己的世界观，同样，不同家族和部落也有他们自己的对待生活的方式。民俗传统的另一类是1911年前主导了两千多年的封建体系的遗留。主要影响之一是科举制度，它鼓励人们研习书籍，并梦想通过成为一名学者来获取功名。它也鼓励人们遵守规则而不是反叛。最后，民俗传统也包括华礼人的一些共识。

社会交往规范

这里扼要地描述华礼文化的几个社会交往规范的主要领域，它们可以作为不同的华礼文化的元素（尤其是规则）：着装礼仪、沟通、礼物和接待、帮助和求助以及表达感恩、歉意和解决冲突。

着装礼仪

华礼文化自古就以繁琐的着装礼仪和复杂的男女装束闻名。服装常随着朝代变化，所以有很多不同的经典华礼服装，如汉服（来自汉朝，公元前206—220年），唐装（来自唐朝，公元618—907年），明装（来自明朝，公元1368—1644年）。除了每个朝代的主流服装，每个少数民族还有丰富的民族服装。

当代服装种类包括以下这些。第一是唐装。在中文里，它意为唐朝的服装，虽然唐装起源于清末。被称为唐装是因为海外华礼人通常被称为唐人，因为唐朝是中国历史上最强大的朝代。第二类是西方服装。第三类是中山装，最早是1911年清亡后由孙中山设计的。在西方孙中山被称为毛装，因为它是毛泽东和他领导的干部们穿了很多年的标准服装。毛装是在中山装的基础上做了少许修改而设计的。此外，现在非常时髦的女性服饰是旗袍，一种来源于清代满族的服饰。

华礼文化面临的挑战不是缺少文化元素，而是它们的充足以及复杂的含义（抑或是包袱），在服饰上也是如此。为华礼服装发展出一套规范或许会有帮助，至少在正式场合（譬如婚礼、正式的商业环境、拜访或社交、专业服装等）的服饰，甚至发展一些便装的规范。

沟通

华礼文化曾有复杂的致敬体系，主要看年龄、地位、地点和处境等。它同时包括口头语言和肢体（如鞠躬、下跪或叩头）的组成部分。它也会随着地理位置、民族，当然还有时间而变化。虽然遗产文化里有很多称呼别人的方式，但在当今的社会里，不容易从它们中间挑出合适的元素来称呼他人以示尊敬，或至少是礼貌。这有几个原因，一个是因为历史上缺少对应的称呼（例如没有职业女性）。通常社会上有两套分开的男女按等级的称呼（头衔），因为历史上只有男性担任公职和在外工作，很多适当的头衔只有男性版本。另一个是以前的称呼太正式（例如按社会等级分的）、太复杂，在现代社会里已经不会被接受。在传统的华礼文化中，比如，一个人名字通常有四部分：姓、名（通常是家里长辈挑选）、字（通常由两个汉字组成，在他/她在成年时由长辈赐予挑选），以及号（由他/她挑选来作为有趣的自称）。人们通常只用字来称呼他人以示礼貌。这一做法到20世纪已被舍弃，但一些华礼人现在又开始使用字或号。最后，一些用法到今天变得极度简单和普通。在1949到1980年代改革开放政策之间的中国大陆，人们互称同志，或在姓前面加"老"或"小"。我在二三十岁时会被称为小丁，可能在四十多岁某个阶段会开始被称为老丁。这也是相对的，一个大很多的人可能称一个比自己小十岁的人为"小某"。这种用法现在还非常常见，它不分性别、地位，简单，但通常表达不出在华礼社会曾经极度重要的尊敬。

绝大部分肢体部分的沟通已经不太使用了，但某些肢体形式的沟通被保留在特定的处境和区域中。例如，一些新婚夫妻，包括接受过西方教育的，会在婚礼当天向父母叩头行礼。

保留得比较好的华礼传统沟通体系的领域之一是群体聚会时的正式和非正式规范（或是它的变体，详见《中国蹊》，2014）。比如，人们在集体晚餐时有严格的规定谁坐哪儿，谁被允许第一个敬酒，谁第二个敬酒等。

传统的华礼文化在书面交流上有很多需要遵守的规则，

往往取决于写信的对象。但在过去的 100 年里，这些规则大多没有得到传承，互联网时代更进一步减弱了书面沟通的规则。就和面对面沟通的礼节一样，我相信书面沟通也是华礼人丰富其文化细节的沃土，在华礼文化设计中需要适当地恢复发展。

礼物和接待

增进关系的方式很多，我在此强调两种：一是与礼物有关；二是关于拜访和接待。两个都是华礼人建立关系的关键组成部分，但每个都有很多不同的规范要遵守。

我在《中国蹊》（第 3 章，第 15—21 页）中很详细地讨论了送礼这件事，感兴趣的读者可以参考那本书及其他关于这个话题的大量书籍。与礼物有关的有三个部分：送礼、收礼和回礼。这些部分必须根据场合、送的人和收的人的地位、礼物的性质和价值等因素适当利用。简而言之，很多当今的华礼人已经简化了对礼物的观念，并且很多人现在只看礼物的价值维度。这都偏离了华礼的传统的礼物的内涵。

登门拜访已经成为逾千年的传统做法。中文里有句老话："有朋自远方来，不亦乐乎。"中文里甚至有短语是描述这个民俗传统的，叫作"走亲访友"。人们节日时，不那么忙时，当然还有他们旅途路过时都要这么做。华礼文学里很多有名的诗都是为了庆祝、纪念与亲戚、朋友、同僚间这样的经历。我在一些场合见过东道主在接待尊贵的客人时要做三件事：在机场（或火车站，如果是开车就在高速公路出口等）接他们，在拜访期间招待他们（食物、茶、酒、参观当地风土人情），然后送走他们（在机场、火车站、高速出口）。在很多情况下，这会占用一个人大量的时间，但这是人们建立关系的一种有效方式。当然，客人总是应当带来合宜的礼物，空手（即不带礼物）去拜访别人一般会被认为是不懂事的。反过来，主人也会在客人离开时送些东西让对方带回去。人们经常会在别人来自己家乡拜访时说他们的目的就是想"招待好"。

帮助和求助，以及表达感恩

在任何文化中成员间相互的支持是一个群体甚至整个社会的黏合剂。虽然我们都愿意帮助别人，使他们更开心，但没人能对每个人提供相等程度的帮助，我们在认知上、时间上、经济上和社会资源上都是有局限的。总体来说，帮助这个主题包括你应该帮谁、帮什么样的事情、应该付什么代价和期待什么回报（或没有回报）。

华礼文化规定得到的帮助必须被恰当地感谢，并且通常强调感谢者的努力和感恩的心。它也要求得到的帮助不应被忘记，并且要加倍回报。华礼文化中的"滴水之恩，涌泉相报"表达的就是这个意思。

但华礼文化是多样化的。它在帮助和感恩上有另一种常见的规则。这个规则强调帮助者达到的结果而非付出的努力。以佛教（或其他膜拜的神灵）为例，很多信徒涌向寺庙寻求神佛在他们人生大事上的帮助。他们通常会对神佛们承诺，如果他们想要的事成功了（比如做生意、考大学、找工作、生孩子），他们一定会回来捐一大笔钱（基于他/她的财富）作为对神佛的回报。这种思想也反映于这些华礼人对人与人之间的帮助和感恩的规则中。他们不在乎别人付出的努力，只在乎结果。如果没达到想要的结果，寻求帮助者不会高兴，或者甚至根据自己的感觉说帮助者的坏话，比如"不尽全力帮忙"。

表达歉意和解决冲突

在任何文化中，关系都不可能永远没有错误、冲突和失望，一个文化处理这些不幸事件的方式可以决定家庭、朋友或者社会关系的长远健康。但这不是件简单的事情，处理的方法会有很多变化，它们的效果也取决于采取的行动和对合理行动的期待。

在有些华礼遗产文化中，人们常常是不喜欢道歉和承认自己的错误和责任的，这某种程度上与传统教导中的"保住面子"有关。比如，家庭的长辈和职场上司等一般不会对晚辈、下级道歉，但他们可能会做些别的事情来表示他们认识到自己的错误了,但不会直接地承认错误。在很多当今的华礼人间,如果一个人真的要道歉,他/她也只会说一句"对不起"。

但另一方面,华礼文化传统的致歉包含了详尽的口头表达和肢体语言。用到肢体语言的道歉中最有名的例子是如今常用的一个成语:"负荆请罪"。其他传统上使用的肢体致歉方式包括鞠躬(鞠躬多少次以及保持姿势多久看情况)、下跪(时长)还有叩头(多少次、叩得多重),甚至有时人们会自扇耳光(多少次以及多重)。

道歉的关键部分之一是提供一些东西去弥补过错,通常是用以下两种形式之一(或者两者兼具)来实现的。第一种是面子的得失,第二种是物质的得失。例如在《中国蹊》中讨论的,面子(荣誉)有三个等级:尊严、尊重和优越(第11页)。要使道歉有意义,一个人必须在另一方面子的相应等级修复伤害,甚至通过对更高等级的面子的补偿来表现诚意。这样的行为经常需要这个人在相应等级上丢自己的面子来求得原谅。道歉是在公开场合还是私下也有区别,公开做的被认为更有价值,因为面子的得与失都会比私下的更高。第二种是提供物质来弥补错误。这可能比一些人想得更普遍,它类似于和解,常见于乡村,而且有时可以用来解决比较严重的问题,如意外死亡。

最后,如何解决冲突是非常重要的规则。华礼文化传统上解决冲突的方式往往有两种做法:大众意见/长辈(或地位高、受尊重的人）决策。很普遍的是即便是两口子吵架，他们也会去要求邻居朋友来评判谁对谁错。甚至当两个人在公共场合争论，他们也会特意去吸引路人的注意来让他们做评判；或者，他们会去找受尊敬的人或者长辈来仲裁。一对夫妻去找一方的老板来帮忙解决他们的个人冲突也不是罕见的。

习　俗

习俗很重要，它将重要事件正式化，并且为社会很多其他成分提供了有形的基础。我将它们归为三组：人生中重要的日子、重要文化节日，以及集体运动和娱乐。基于习俗的丰富，我这里只从每组中选择了几个例子讨论。

人生中重要的日子

我在此简单描述五种人一生中富有华礼文化元素的日子：出生、成年、结婚、生日和死亡。这些习俗值得被考虑吸收到一个新的华礼文化中。

出生是重要事件，从一怀孕习俗就开始了。产前习俗包括避免很多事、食物、人和行为，通常因为相信这些会对胎儿、怀孕本身（流产）或生产难度产生不良影响。一些习俗本质是迷信，另一些则根植于准证据。孩子一出生，母亲传统上必须在家待一个月，通常基本在床上。期间她们不可以洗澡，并且通常被提供特定的食物，因为人们相信这对恢复身体和产生更多母乳有好处。真正的庆祝出生发生在孩子出生的第三十天，孩子"满月"了，一般家里会邀请亲朋好友前来喝满月酒，也就是一个宴席。庆祝的形式和活动因为地域和家庭背景各不相同。这些与出生有关的习俗大多沿袭至今。

成年是一个人生命中的里程碑，被称为"弱冠"。传统上，成人礼发生在男性 20 岁时，在仪式上他会被戴上一顶只有成年男性才能戴的帽子。由于他们刚刚成年，力量仍较弱，所以 20 岁被称为是弱冠之年。虽然这是人生中重要的里程碑，如今的华礼人几乎不再庆祝成年的这个节点。它们基本被生日庆祝所取代，变成 20 岁不再被看作是值得注意的重大事件。有趣的是，庆祝生日历史上通常是人到了非常年长时才有的，比如在 50 岁、60 岁、70 岁、80 岁。

结婚在过去有着繁琐的流程，通常由父母和家里长辈安排，包括选择配偶，也就是所谓的"包办婚姻"。虽然当今华礼社会不大可能复兴找对象的传统流程，婚礼仍常常带有一些独特的华礼文化的程序。

死亡在任何情况或文化里都不是一件高兴的事情，但是一件非常重要的事情，合适的习俗给过世的人写上了句号，也让还活着的人能调整并继续他们自己的生活。不同文化有不同的方式来完成相关习俗。传统华礼习俗有很多复杂的组成部分，并且持续很长时间。虽然大部分习俗如今已不再实践，但它们通过其他形式成为了现代习俗的一部分。死亡习俗包括死前习俗、葬礼和葬礼后习俗。死前习俗主要是子女在父母去世时陪伴他们的义务（叫作送终）。直到现在，这仍被认为是子女义务的一部分，一个人去世时若有他/她的子女陪伴会被认为是幸运的。传统葬礼也很复杂，埋葬的时间和日期也要合适。如今城市里的葬礼习俗实际上已经非常简化，火葬也成了规范。葬礼后习俗传统上包括直系亲属（特别是子女）长时间节制不做很多事（一个成年子女可能需要通过守孝三年以表孝心）。

重要文化节日

因为悠久的历史、多样的文化，及对外来文化的吸收，华礼文化中存在很多甚至可以说太多的文化节日和相关习俗。但不幸的是，这些节日在当今变得日益商业化。比如在打着每个人群（教师、父亲、母亲、单身……）都值得拥有自己一年一度的节日的旗号下，这些节日大多成为创造购买和消费需求的方法。我认为这种看似现代的过节日的方法是非常可惜的，它将节日当作假日以及买卖的机会，把节日的文化内涵都抛弃了，这样的过节不是真正的华礼文化。我在这里讨论三个可以成为恰当华礼文化核心的文化节日，它们的时间也有一定的相隔（可以避免短时间里有多个节日）。人们可以选择这三个节日都参与，每个节日有很多不同的相关活动，人们可以选择适合自己华礼个型的合适的规则和经历。人们也可以选择增加一个或多个这里没有讨论的重要文化节日（传统节日如清明节〔通常4月5日左右〕、七夕/乞巧节〔农历七月初七〕、重阳节〔农历九月初九〕，以及重要事件如乔迁、升学，还有祭祀等习俗）。

最重要的节日当然是春节（农历正月第一天），也就是中国新年。为了方便讨论，我会把元宵节（农历正月第15天）也结合起来，它紧随着春节，本质上意味着春节的结束。我在此将这个逾两周的时间段称为春节-元宵节。这个节日有许多习俗，都围绕着家庭团聚，分享爱、福气和幸福的主题，同时展望繁荣的新一年。这个节日有很多传统规则及其现代形式，包括节日里每天该做的事项：拜访谁、怎么拜访、吃什么、做什么、穿什么、该说什么、不该说什么。但当今的趋势是简化一切，将春节-元宵节商业化，或当作度假的机会。

第二个是端午（农历五月初五）。端午节最广为人知的两个活动是吃粽子（将糯米其他原料包在粽叶里煮或/和蒸）和赛龙舟，但也有很多其他活动，有时每个地区会有区别。关于端午节的起源有很多不同的说法，在很多诠释和活动中，有说是祛病的，有说是为了纪念著名爱国诗人屈原（公元前340—前278年）的，有说是与龙相关的习俗有关，因为龙是中国中原地带居住的部落的图腾。虽然有各种说法，但这已成为全世界人民公认的主要文化节日和华礼文化的宝贵元素。

第三个是中秋节（农历八月十五）。它是中国文化中重要的丰收节日，活动中包括感恩和许愿。这个节日以它最可见的活动闻名——拜月和吃月饼。它也因节日期间制作和展示精美的灯笼而出名。中秋节有很多与之相关的蕴含丰富文化的活动。

运动和娱乐

在当今的世界里，一个文化没有自己特色的、能凝聚人心的运动是不完整的。这个运动必须是很多人日常生活中可以进行的（至少当他们年轻还在上学时），常常是高度竞争、团队协作、讲究战略，并且很可能有直接身体接触的。美国人有棒球和橄榄球，英国及其前殖民地有英式橄榄球（现在这意外地成为最联结他们的纽带），欧洲人（及其在南美的前殖民地）有足球。在很多美国大学里，甚至两个大学队之间的比赛都能吸引十万观众（在我目前就职的宾夕法尼亚州立大学就是如此），这成为团结校友们的一个重要途径，甚至包括那些半个世纪前毕业的校友。如果没有这些比赛的话，他们很难与学校再产生有意义的联结。华礼文化现在还没有合适的运动有这样的地位。

娱乐方面，华礼文化有很多传统娱乐活动，包括不同地区的戏曲。然而年轻人对这些戏曲的关注和参与度越来越低，原因至少有二：第一，它们往往节奏慢，缺少能量，这与现代生活格格不入；第二，甚至只是听懂这些戏曲都需要特殊训练，更不用说学了。大多数人感兴趣复杂的戏服和妆容更多是一种好奇而非娱乐方式。虽然主流的汉族娱乐习俗在逾千年的儒家影响下变得庄重单一，但很多少数民族仍有不少独特的娱乐习俗形式是可以吸收到华礼文化设计里的。此外，琴棋书画是华礼文化里娱乐的重要成分。中国象棋也广受欢迎，在华礼人居住的世界各地都有人在公园和俱乐部里下中国象棋。

第九章
当今华礼焦点

　　本章讨论华礼文化在每个组成规模中需要重新设计的文化个型的主要内容。这些讨论围绕着一个或多个基目规经框架的组成部分，探讨会影响相关的活力征象（或缺少的）的一些主要元素。当然，一名特定成员需要改进的文化元素可能不一定和大部分人一样。本章的目的不在于提供一个详尽的需要再设计华礼文化的原因清单，而是在说明华礼人有足够的理由在这些组成规模上再设计自己的文化个性。

原子规模（自我）

　　在原子规模（自我）上，华礼人主要的再设计的需求是基石、目标和规则。具体来说，许多华礼人感觉到缺少系统性的基石，从而使得很多人道德降低。一些人对华礼文化包含的一些人生目标也不满意。此外，由于当今年轻的华礼人成长过程中不知道（更不会遵行）合宜的规则，很多人感到规则亟待重建。

许多华礼人对道德标准的缺失有很深的顾虑，因为当下相当多的华礼人相信他们能够以任何手段达到自己的目标，除非触犯刑法。损人利己被认为是完全可接受的，人们可以，甚至被鼓励在需要的时候扭曲规则来服务于自己的个人利益。

许多华礼人也担心当今的一种趋势，那就是人们为短期目标而活，不认真思考人生的长期目标。传统上，华礼文化拥有建立在儒学基础上的清晰的人生目标，即服务于家庭和国家（皇帝），但现今的华礼文化还没有能完全填补上这一空缺。这一现象导致人们过度沉迷于财富的积累，因为财富似乎能解决（几乎）一切短期问题。

一些华礼人认为应当把当下的事情做好，一个人没办法，也不应该做长远的规划。因此，他们甚至不挑战自己去思考长期目标这一问题。所以他们的整个人生都在努力成为短期的优化者，而这些短期目标往往是他的人生阶段。这种生活方式基本是这样：我要上大学，然后找份好工作，再找个好配偶。之后是生孩子，赚钱抚养他，送他上好学校。再是赚钱攒下来给孩子结婚（帮他买房），等他结婚了帮他带孙子孙女。等到把孙子孙女带大，我也可以入土为安了。可以看到，这种生活方式是一种源于动物的生存繁衍的基本需求，和别的动物在本质上没有区别。

另一些华礼人则持一种定义模糊却非常时髦的目标：我要开心（Happy），但同时自己也讲不清楚如何去实现它。什么是开心？开心是一个人追求某个目标所带来的结果，不是目标本身，也不具有操作性。到最终，他们还是在追求短期目标，追求简单的感官满足，因为这些目标更可能带来他们认为的开心。

还有一些华礼人把这个思考"外包"给了别人，他们只去做别的相似的人在做的事，或者他们的参照群体在做的事。他们时刻忙于"防止输在起跑线上"，以致没有评估自己究竟是否该参与这场比赛。他们也忘了那些类似的人和参照群体可能自己都只是在模仿（包括相互模仿），造成一种畸形的、永久性的、没有太大意义的生活方式的循环。我们都见到过一些人在晚年反思："如果我有机会重新活一次，我会做些不一样的事。"

在延续两千多年的、规矩重重的封建制度后，当今华礼文化的规则不仅仅是有漏洞，而是有很大程度上的缺失。许多华礼人对这点非常失望，因为规则是文化里最可见的，最影响他们日常生活的一个构架部分。

微观规模——家庭（亲属关系）

在华礼文化中，年轻的核心家庭（定义为孩子是学龄儿童）往往和其中一方的父母一起住或者住得很近，是事实上的多代家庭。在这种情况下，父母常常参与到核心家庭的各种事务中（带孩子、做家务、参与家庭决策）。和一百年前的华礼文化相比，家族（氏族）里别的血缘亲戚间的亲近程度和重要性已经大大降低，除了在一些局部的地区，这些关系在华礼文化中已没有太大作用。

华礼文化家庭形式的一个主要问题是缺失恰当的代际关系，主要是父母和孩子之间的关系。很多华礼家庭里没有（全面的）合适的规则，这常常是因为缺少可以指导规则的合适基石。家庭内部也常有目标上的冲突，但是大多数华礼家庭不把这看作当务之急。

孟子有句常被引用的关于教育孩子的话："不以规矩，不能成方圆"。① 家庭内部的规范在封建社会时期非常详尽，但是封建体制结束后变成一个真空，还没有被其他基石填补。对大多数华礼人（在中国大陆）而言，这个挑战因独生子女政策、家庭规模的减小和许多社会规范被舍弃而变得更加复杂化。许多家庭事实上没有对孩子合宜的规则，也不实践任何传统。

现在很常见的是，许多华礼人父母的家庭目标是打造同龄人中最令人称羡的孩子（或者说是比任何其他孩子都成功的孩子），他们的整个生活也是围绕孩子展开。

---

① 《孟子·离娄章句上》。

但培养最好孩子的家庭目标——不论这个"好"是如何定义的——加上基石和规则的缺失，使得很多孩子把一切当作理所当然，不知感恩。甚至还有的希望父母早亡以便早日继承遗产（房子等）。父母的这一家庭目标（培养最好孩子）造成他们很多人生活的悲剧，特别是当他们年迈得不再能对孩子提供帮助，或者当他们需要子女帮助的时候。从某种程度上，现在存在的养老的调整也部分归咎于很多华礼家庭里的目标和规则没有理清楚。这个问题已成为许多华礼人想治愈的文化癌症。

微观规模——非家庭群体（非亲属关系）

传统华礼文化很强调非亲属关系，将友情看做一个人存在及如何生活的一个核心部分。著名社会学家、人类学家费孝通将这种传统社会称为"熟人社会"。他所说的"熟人"（我很熟悉的人）主要是指联系紧密的主要群体，不是指次级群体和一般意义上的熟人（我认识的人）。

如今，华礼人仍然将熟人看作生活中很重要的一部分，并且花大量的时间社交和维系关系。然而很多华礼人在这一组织形式中有两个主要挑战：一个是广泛存在的功利主义，及越来越趋向于单一和让人不满意的利益交换的目标；另一个是规则不足以服务于他们希望的目标。

华礼历史上非亲属群体的目标非常多样。不幸的是，大多数华礼人现在参与这种关系只是为了获得短期的好处，并不想建立长期的深层的关系，这与数千年来华礼文化的熟人社会初衷背道而驰。许多华礼人将非亲属关系看作一个平台，几乎完全是为了利益的交换。因此，很多人觉得自己的熟人越多，自己越有可能通过与合适的人交换利益来达到自己的目的。这样的目标造成了一种畸形的追求：积累和维持尽可能多的熟人，并以自己认识的人的身份和人数为豪。值得一提的是，即便是积极参与这种人脉积累经营的华礼人也不是都喜欢他们所做的这些事情，但他们觉得身不由己，因为华礼文化中的非亲属关系已经成了这种样子。

对这种非亲属群体的另一个主要挑战是缺乏有效的规则来确保某个文化实体的目标被实现。华礼文化很看重面子，不喜欢表达，至少不爱明说他们希望自己和他人特定的关系应该是如何的。他们相信别人应该也能推测出自己的想法和目的。然而不同人对同一件事的理解也可能不同，这就导致了建立和维系非亲属关系的摩擦和低效。引致了一个人会交很多因便利和非真诚的相助承诺而聚集的假朋友，花了很多时间和资源，但又在真正有需要时无法及时得到帮助。这些人若不是有利于自己就不会出手相助，并且轻易就会背叛友情。从某种程度上，这也和很多华礼人认为的有效的发展和维持非亲属关系的方式有关。许多人花大量时间与非亲属群体喝酒吃饭，并错误地认为这对维系这种关系是必需的，但实际上，在这些活动中的亲热和熟悉并不一定会转化为更深层的关系。

中观规模——企业（实用型组织）

　　这里我讨论华礼文化中实用型组织的重要形式：企业。这一形式面临两个挑战：第一个挑战是任何一种文化里的企业都面临的，也就是管理文献和实践中讲到的企业文化。这不是华礼文化里的企业特有的挑战；第二个挑战是针对华礼人所有、经营，和华礼人合作，与服务于华礼人的企业，那就是这样的企业应当吸收什么华礼文化元素。这两个挑战都需要通过对它们的基目规经框架的梳理和优化来解决，其中最重要和最困难的任务是在目标和规则上面。

　　对第一个挑战，大量的学术研究和出色的实践已经提供了一些有效的解决方案。通常的解决方案包括愿景、使命、价值，后来大家又把目的加入了企业文化的清单。许多华礼企业一定程度上具备这些元素，但是像别的企业一样，很多企业是为了做这些而做这些。由于这是一个不只针对华礼文化的常见问题，我在此不进一步单独讨论，但会穿插在和华礼文化有关的内容里。

　　对于华礼文化中的企业来说，挑战不仅在于发展出一套有效的公司文化，也在于发展出一套华礼文化。虽然企业作为创造价值的独立实体不一定需要包含华礼文化元素，但一个有合适的华礼文化个型的企业会给自己带来更多的价值。如果一个在华礼社会中的企业是由华礼人员工组成，产品销售给华礼人，并且与华礼人（企业）共事合作，存在于华礼社会，那么最符合其利益的就是识别并采用一种有华礼文化个型的企业文化。这会让它在顾客、合作伙伴（如供应链）、监管机构和社会眼中建立最具吸引力的品牌，也能吸引和留住好的员工、增加凝聚力、提高效率并激励员工，并且从总体上提高短期和长期的竞争力。主要的挑战在于识别合适的华礼基目规经元素，特别是规则（还有一些经历）。

对于第二个挑战，华礼文化企业面临的还有一个目标上的冲突：现代经济观念是营利公司只应作为为股东创造财富的工具，但华礼文化希望一个公司（商人）应该为自己和身边人（不管是否为股东，如社区）创造一个舒适的生活。在中国大陆，这种情况更加突出，因为最重要的企业都是政府所有的，它们的主要目标是服务于社会利益，同时平衡好对其股东的创收贡献。这两个目标不总是兼容的，需要很好地平衡。寻求良好平衡的华礼企业文化是一个非常困难的，但又是一个必须完成的任务。

宏观规模——社会

在华礼的宏观规模，我主要关注的是最高组成形式——社会。华礼社会的文化个型包括华礼人在其他规模

（自己、家庭、朋友、企业、社区）的共同元素，比如特定的规则，此外，它也包括只存在于社会规模的特定元素（如为特定功能而组成的某些组织〔政府〕）。在当今华礼社会中，最重要的期望是发展出实现以下目标的社会（按重要性高低排序）：和谐、抗内外冲击、高效、自我保护和身份认同。因此，社会规模的华礼文化需要找到合适的基石和规则来实现这样的目标。从这个视角来看，基石的选择在很大的层度上是为了实现目标，而非出于对基石问题的独立评估和思考。

现在华礼文化的最主要的目的，如中华人民共和国的华礼社会，是创造一个和谐的社会。和谐的社会能让其减少和去除可能造成社会不稳定或至少影响华礼成员生活品质的不良事件。如果我们回溯历史，把儒家树立为唯一的官方思想也就是为了建立同质的国民身份，这样可以团结背景迥异、地域不同（很多地方即使有了今天的交通和通信技术仍觉遥远，可想而知在骑马是最快的交通方式的年代里意味着多么遥远）的人们。然而，现在的华礼文化里的基石没有这样可以团结绝大多数华礼人的内容。

与和谐相关，华礼社会也渴望能够抵抗内外部的冲击。习俗、语言、食物、艺术、音乐和文学等共同的传统提供一个社会团结和推动社会成员的基础，帮助建立和认同共同的社会身份以及归属感。一个缺少这样共同的华礼文化元素（基石和规则）的社会没有强有力的共同身份把大家凝聚到一起，容易受到不管是内部还是外部的文化冲击。当今的华礼社会已经不再实践很多共有的文化传统。这样的社会在文化层面讲是一个随时可能爆炸的定时炸弹。如果华礼社会可以找到合适的文化元素填补这些空缺，华礼社会也可以预防其他不良社会元素（邪教和极端观点等）有机可乘。

一套合适的有关常用思考和实践方式的规则也能提高社会运转的效率。国家的有效运转需要法律法规，但这往往非常消耗涉及的各方和整个社会的资源。一套人人接受、实践并自我加强的规则在社会中可以在动用相关法律法规之前起到减少冲突、提高效率的作用。在社会形式上，一个很好的华礼文化会使社会发挥其最高潜能，不管是有形的（如物质财富）还是无形的（如自豪感、幸福感）。

在社会形式里，当今的华礼文化也对自我保护和身份认同非常关注。现在的华礼人很多已经开始（而且随意）吸收其他文化的各种元素，而同时社会作为一个整体来说没有反对或至少引导这些行为。若不采取适当的行动，可以想象华礼文化会进一步被稀释而变得没有自己的特点，最终可能只留下象征性的一些独特文化元素。在人类发展的几千年里，有很多当时伟大繁荣的文化都消失了。如果我们没有一个强大的华礼文化存在的目的，丰富的华礼文化以后也可能变得只能存在于博物馆和历史记录中。有人可能会觉得这是耸人听闻，但这种事件在历史上还是很常见的。比如虽然人们还在埃及、希腊、意大利、伊拉克等地居住,然而他们不再是数千年前在这些国度兴起的伟大文明的承载者(虽然很多人有遗传下来的基因)。在自我保护之外,华礼人也需要保持自己在世界舞台上对整个人类的福利和发展作出贡献的独特而又丰富的文化身份。

第十章
当今华礼品牌

本章扼要地描述当今的华礼品牌，特别是一些其独有的特征。我首先介绍当今塑造品牌的一些实践及概念定义、品牌的对外性和对内性、复合品牌，以及定量的华礼品牌向心力和影响力。

当今华礼品牌的实践

从某种程度上来说，传统华礼文化中已存在一些涉及文化品牌方面的实践。例如，在家庭规模，有个中文词语叫"家风"，意思是家庭传统、哲学、家庭成员行事和解决问题的方式。这与家庭形式里的华礼品牌很相近。

除此之外，我用以下中文词语来代表不同组成规模（形式）里的华礼品牌，第一个字代表组成形式，第二个则用"品"字代表品牌。

- 个人形式的华礼品牌：人品
- 家庭形式的华礼品牌：家品（家风）
- 非亲属形式的华礼品牌：圈品
- 企业形式的华礼品牌：司品
- 城市、省份和国家形式的华礼品牌：市品、省品、国品

华礼品牌需要仔细考虑品牌包含的三个元素：精华、定位声明和实际表征。定位声明在家庭形式里可以表述为类似于家训的东西，这是华礼人已经熟稔的概念，其他人或许很容易接受，并且会避免产生做表面功夫的想法。同时也值得根据组成规模（形式）和处境的不同，鼓励建立特定的品牌实际表征。

华礼品牌的对外及对内性

华礼品牌同时需要有对外和对内两面，它们单独也共同帮助沟通、增强内部力量和增加外部对自己的尊重。由于华礼人通常在很多场合不喜张扬，反对自我炫耀，品牌的对外性和对内性需要维持合适的平衡。即使如此，一个华礼文化实体成员不应该以不喜欢炫耀为借口来回避这些思考，或不在文化个型的内部进行确认。这样的模棱两可

会导致之后的灾难。每个人也应当参与到文化品牌的定位上来。当今的华礼文化个型往往缺少品牌对内方面相关的元素，忽视了提供内部力量的重要性，所以亟待在充分考虑可定、可信、协和、归属和向往等活力征象的基础上，发展强大的品牌内部性。

有趣的是，传统华礼人很看重别人对自己的看法，并不遗余力地对外留下良好印象，具体来说就是"面子"。换句话说，他们非常看重品牌的对外性。今天的华礼人仍然在意"面子"，大多数人也在一定程度上把在人前有面子作为生活的目标。具有挑战性的是华礼人常常对他们应该维护哪方面的面子没有很清楚的理解。这在一定程度上来说并不奇怪，因为品牌的对外性应该建立在品牌的对内性基础上，若没有合理构想的、伴随着良好活力征象的、有力的品牌对内性，也就不会有意义深刻的品牌对外性。

复合品牌

在一些华礼人中存在一种看法，那就是在生活中对不同的人可以有不同的行事规则（譬如，一个人可以对家人很好却对非亲属很不好，一个人不对朋友撒谎但对其他人撒谎）。这种"灵活性"催生出一种相矛盾的复合文化品牌，可能会对复合品牌的拥有者非常有害（不管在哪种组成形式中）。

量化华礼品牌向心力和影响力

和大多数当今的文化一样，华礼文化的品牌向心力几乎从未以定量方式被测量、监控和比较过。另一方面，与大多数当今的文化不同，华礼品牌的影响力被间接地（有时是直接地）理解、测量、跟踪和比较过。衡量文化品牌影响力的就是一个人的面子有多大，并且经常会比较谁的面子更大，会通过"他面子比我大""你以为你面子那么大"等表达方式体现出来。虽然不存在确切的刻度来测量华礼品牌影响力的量化价值，"面子"是一种准定量测量，任何两个人的面子基本上都是可比的，一个人也可以因为某种行为来增加或减少一定量的面子。

第十一章
文化设计的三种应用方法

本书的第三到第五部分会讨论特定组成规模（特定形式）的相关华礼文化再设计可以采用的三种方法。不论哪种方法，总体过程是一样的：首先，决定需要再设计的具体的一种文化组成形式（或是再设计的重点组成形式）；其次，决定希望达到的在每个活力征象上的目标；最后，评估和选择相关元素以用来填充基目规经框架的有关部分，从而实现想要达到的活力征象。

第一种途径是个性方法。它本质上是一个基于文化设计范式的操作手册。个性方法包括几个步骤：评估自己的华礼文化个型的现状；发现并确认想要的活力征象及具体功能特征，然后为了这些目标选择或修改各种文化元素；同时，去除现有的内部不一致的、有冲突的元素；最后整合成最优化的文化个型。虽然这一方法不提供具体的、实质性的文化个型推荐,但它有几个好处:满足个性化的偏好,会让华礼人找到最适合自己的独特的文化个型;每个人可以完全主导自己的命运,会更有动力;可适应性更强,会更可能成功。但是,这种方法对认知、分析思维、评估和执行的能力要求很高,也最花时间精力,所以使用这个方法并不意味着会得到最好的华礼个型,甚至有些人会因为这些原因半途放弃这种方法。

和任何新的东西一样,一本设计良好的操作手册可以大量减少使用者的工作量,并且降低——虽然不一定能消除——失败的风险。我在第三部分,基于文化设计范式设计的,会提供这样的一个涵盖面广、细节具体的个性方法的操作手册。

第二种途径是范例方法,因为这种方法要求使用者学习并模仿最合适的范例。范例方法包括几个步骤:学习研究在一个给定的组织形式里的一系列代表性的华礼个型,这些华礼个型是第三方通过全面的细分分析识别出来的;比较和决定自己最想模仿哪个类型,以及/或哪种类型能最好地代表他现在(或希望)的文化身份;最后,在自己选定的范例华礼个型上建构自己的华礼文化,并做一些微调。

这一方法的最重要的优势是容易操作,找到自己想要的华礼文化个型的工作量大大降低。而且执行起来也更容易,因为可以直接按照(甚至照搬)范例的华礼人的做法来做。

虽然找到的华礼范例未必是最适合自己的,但一般不会相差很远。而且与个性方法不同的是,使用范例方法的华礼人一般都会最终找到一个比较满意的文化个型,而不太会半途而废。当然,这一方法最大的缺点在于它不能满足使用者(包括个人、家庭、熟人群体或企业)的个性化的需要,也不是最好(但是是非常不错)的方案。

一本好的范例方法手册应该包含,在各个相关的组成形式中,通过严谨的分析而得到的所有的重要华礼文化范例(个型),及对每一个范例的全面但精简的描述。第四部分提供的就是这样一个手册。在第四部分,我通过严谨的定性细分方法和大量数据挖掘出四个组成形式:自我、亲属(微观规模)、非亲属(微观规模)和企业(中观规模)。同时我也对每个范例个型做了一些扼要分析,包括每个范例的基目规经元素、使用它的人群、主要问题和潜在的改进方案,以及对它未来的预测。这些分析应当作为使用者的重要决策信息,但不是所有的决策信息,一个使用者应该在筛选出有可能仿效的几个范例之后,收集更多的第一手和第二手资料,来决定最后选择使用哪个华礼文化范例。

第三种途径是规范方法。规范方法要求使用者学习、掌握,并在生活中执行某一个具体的华礼型,基本上对它不做任何大的改动。这一方法正是华礼人直至1911年的两千多年来所做的,从小人们就被教导儒家思想,并且被期待掌握,然后在生活中遵行这种思想及相关的规则。

规范方法和前两种方法相比有几个区别。首先，顾名思义，它是一个提供规范的方法。这个方法会提供给使用者一个在严谨全面的分析后得到的最可取的华礼文化规范（一种收敛的文化型）。使用者只有两个选择：接受这个规范并成为这个规范的实践者，或者拒绝这个规范。其次，规范方法通常只给出一种规范华礼文化型，所以它是一个没有任何个性化的解决方案，正好和个性方法相反，而范例方法是两者的折衷。再次，一个规范华礼文化型会涵盖其在各个组成规模上的个型，是对华礼文化整体的优化。由于问题的极端复杂（必须考虑所有的组成规模），它也必须使用一系列的假设。范例方法是针对某一个特定的组成形式的，而且通常不完全阐明一个个型。个性方法通常一次聚焦于一个组成形式的再设计，然后得到的个型的全面性取决于设计的人和具体过程。最后，规范方法可以有两种建立规范文化型的途径。一种是通过使用一个和个性方法类似的过程，不过它要有贯穿各个组成规模的整体考虑。在这个基础上，这个规范文化型可以汲取范例方法的实践结果，而且可以从各个组成规模（形式）里不同的范例中汲取不同的东西。另一种是通过理论的指导来找到规范，这是一种从上而下的方式。

我建议规范方法需要在一定程度上和前两种方法相结合，让它们起到辅助的作用。规范方法是实现文化的某些活力征象目标的整体优化尝试，产生的是一种优化整体目标的规范型。但这种整体优化的规范不一定是每个成员自己最优化的个型。一个可能的解决方案是使用规范方法来确定一个规范型，及其对整体优化至关紧要的核心元素，同时在其他方面只提供大致准则，并允许（甚至鼓励）各个成员用个性方法和/或范例方法在这些方面确定自己的文化元素。

最适合使用规范方法的一种情景是当一个社会需要快速并有效地重建其文化。如果一个有力的社会实体（如政府）选择采用规范方法来确定一个自己的正统华礼文化，它可以快速引入、普及和推行它。虽然对使用者来说，规范模式易学易做，但这种大统一的规范方法和现代人追求个性化的想法相冲突。但一个真正抓住华礼人的脉搏并在一定程度上允许个性化的规范，加上强有力的推动者（比如政府、非政府机构等），规范方法有可能在短期内对整个华礼文化有巨大的、有益的改变。

在大量的分析和思考后，我在第五部分里阐释了一种华礼文化规范，我称之为"人圣华礼"（Humanistic Hualish）。

第三部分

个性方法

这一部分描述了华礼个型设计的个性方法。这里的六章对应于华礼设计的六个步骤。

第十二章描述了对特定组成形式（个人、家庭、熟人和企业）实体的审计。它分为三个步骤：收集相关数据（包括需求）；评估实体（文化个型、实体成员和核心指标）；及提供在个性方法后面几个步骤可以参考的设计建议。当审计是定期完成的（比如每年），它就演变成了文化实体的常态评估和更新，其目的是根据一系列设计好的核心指标监控实体的状态，并且在必要时进行相关微调。审计是全面的（贯穿基目规经框架的所有组成部分），但它关注的是需要解决的问题，而不是这些问题的解决方案。

第十三到第十六章针对"基目规经"的四个组成部分，提供了寻找相对应的解决方案的具体方法。人们可以用这些方法来解决有关框架的文化设计问题（包括但不限于审计时发现的那些问题）。文化形式中的实体通常是根据目标而组织的，因此我会先讨论目标设计（第十三章），然后是基石设计（第十四章）、规则设计（第十五章）和经历设计（第十六章）。这四个设计部分都必须分别完成三个步骤：研究审计的结果、收集更多（相关和具体的）数据、分析和决策。

第十七章帮助使用者归纳所有的分析和决策，并把它们整合成一个完整的再设计后的文化个型。在这章里我也会讨论如何在这些分析决策的基础上建立自己的华礼品牌。

第十二章
审计文化实体

我首先讨论一些华礼审计的关键元素，包括审计员、数据及数据收集方法、评估分析和设计建议。然后针对四个不同的文化组成形式提一些特定的审计建议。最后讨论定期的、常规性的实体审计。本章结尾是一个审计清单，以便使用者参考。由于实体既包括文化个型（概念性和抽象的），又包括使用这一个型的人（经验和细节丰富的），实体审计会包括对个型，和/或用这一个型指导自己生活的人的审计。

指定审计员

理想的审计员应该是值得信赖、有经验并且公正的第三方。这个审计员最好是完全理解华礼文化设计范式，富有协调此类个型发展的经验，并且除了想最大化某个文化实体的整体好处外，与这个文化实体的发展不存在利害关系。这个审计员应该特别精通相关的组成规模（个人、家庭、熟人群或企业）。如果这样的审计员无法找到，可以请内部人员在接受华礼文化设计范式培训后来主导一个公正透明的审计。

在设计过程中还有另一个重要人员，我将其称为顾问（见第十三到第十六章）。顾问的工作是根据审计结果帮助成员建立更适宜的个型。审计员的角色是收集数据、评估实体并提供整体但初步的设计建议，这些建议主要关注需要再设计的领域而非解决方案。审计员可以被看作一个评估有复杂病情的病人并提供初步诊断的家庭医生。而顾问则是专科医生，他要在家庭医生的诊断基础上，完成最终的诊断，为病人识别最适合的治疗方案。一个人（人群）同时扮演审计员和顾问的角色是可能的，不过一个顾问往往会是在某一个组成规模/形式及某一个基目规经框架的结构组成部分的专家，所以一般我不建议用同一个人做这两件事。

数据收集

审计要使用现存记录（二手数据）和新收集的（原始）数据。现存记录的收集应当同时关注个型和文化实体的成员，包括成员如何在他们的生活中执行个型中的各个元素。另外，如果有的话也应当包括参照实体（相似实体）的信息。现存记录理论上可以包括一切成员做过的事以及其他实体（包括公众）对其反应。由于此类数据的量极大并涉及隐私，不可能收集到太多，所以对审计员来说，决定收集和分析什么现存记录是很关键的。

收集的原始数据包括成员访谈、焦点小组访谈、不同的人类学方法、问卷，以及从与成员有互动的局外人获得的反馈。审计员要花大量时间与成员交流，收集相关原始数据。这些数据应当包括三类：现有实体（个型、成员对个型的元素的执行），这是从二手数据中无法完整观察到的；成员自己对现有实体的评估；以及成员的需求（已存在的需求以及是否被现有实体所满足，还有希望满足的需求），最重要的是成员渴望的在六个活力征象上达到的水准。

顾问在个性方法的后期阶段会根据他工作的具体需要收集更多数据。

诊断（分析实体状态）

这一阶段的目标是对实体状态进行全面而深入的评估。

审计员首先需要从收集到的数据重构实体，包括个型和成员（及他们对个型的执行）。个型的重构可以按照基目规经四个组成部分，应该不会有太大的问题。重构成员在现实生活中如何运用个型的不同元素更具挑战性，因为有关数据不会理想——要么无法被完全回忆起来，要么不够有代表性，有时甚至带有主观的偏差（譬如一个成员可能不想照实透露他做过某件事），所以这个工作需要十分谨慎，并且反复检查最后重构起来的实体。

对重构起来的实体的评估包括五个步骤。

第一，在和成员讨论的基础上，审计员需要针对个型及其成员确定实体的一系列核心绩效指标（KPI）。核心绩效指标有两个来源：一是华礼文化设计范式，它包括了在这一特定文化组成形式（比如家庭）上常见的核心绩效指标；另一个是这一实体的成员所渴望的事物，这比较特别，但对于实体的成功同样重要。同时，审计员也要确认这些核心绩效指标的相对重要性（至少排出重要的次序）。

第二，审计员通过核心绩效指标来评估个型。尤其需要发现主要存在的问题、好的方面，及有待提高的方面。主要问题包括但不限于基目规经框架中缺失的核心元素（漏洞）、相互冲突的元素，或欠缺的华礼遗产文化元素。

第三，审计员通过核心绩效指标来评估个型的使用。尤其需要发现主要存在的问题、好的方面，及有待提高的方面。如前面提到的，审计员需要特别谨慎，只使用无偏见和全面的数据，以确保评估是客观的。

第四，审计员通过核心绩效指标评估文化实体的整体效能和活力。这是一个总结性评估，结合了个型和成员是如何使用它的情况。

第五，如果存在相似实体的话，审计员要将该实体与相似实体进行参照对比。这不仅提供了分析了解该实体的一个新视角,也为可能的再设计提供了思路。

处方(初步设计建议)

审计阶段的处方应当是比较初步的,注重于发现未满足的需要而不旨在提供具体的解决方案(虽然审计者也可以附上这样的解决方案建议),这个处方是顾问在再设计后期的起点(顾问则必须提供适合的解决方案)。与顾问的任务不同的是,审计员只需要指出需要改进/再设计的领域,而不需要提供实现这种改进的具体方法。审计员与家庭医生相似,旨在提供这样的评估作为顾问(类似专科医生)的参考,顾问会进行最后的诊断并制定适合的治疗方案。处方着重于个型,但也会涉及实体中的成员。

处方的第一个部分是建立在对实体状态和成员需求的分析基础上的一个理想的个型(包括相应的活力征象)的设计大纲。这个设计大纲应该是连贯而完整的,既契合实际又令人憧憬。一个不令人憧憬的设计大纲不大可能动员成员们来完成再设计和/或执行后来再设计的个型。一个不实际的设计大纲会使得个性方法的后期设计无法操作,并且成员们会非常难以执行再设计的个型。设计建议有两个来源:一是自下而上的方法,审计员根据收集到的数据和相关评估提供建议;二是自上而下的方法,审计员根据华礼文化设计范式理论和对别的实体的实践的抽象来提供建议。可能的话，审计员最好能将两者结合。

处方的第二个部分是针对个型成员的执行情况的。一个人即便有设计完美的个型，但如果不以正确的方式执行，就无法得到希望的效果。比如，审计员识别出在一个家庭实体中的父母没有严格实施他们家庭个型中的规则，那处方里必须指出这是他们在未来的实体中必须改正的重要问题。如何解决这一问题是后面相关的顾问的责任。

另外，审计员应该在处方里区分哪些是他们认为必须完成的，哪些是他们认为可以做但不必须做的建议。

不同组成规模/形式的审计

在个人组成形式上，一个人自己做自己的审计员会比找专业人员做审计员（以及后来的顾问）有些许优势：成本低（对于大的群体来说，成本可以平均分担到所有的成员上）、保护隐私（在个人形式上可能有更多人们不想与他人分享的事物）、易操作（没有在多成员实体中可能出现的相互冲突的需求和争论，在那种情况下往往第三方会有帮助）。当然这要求一个人花工夫去完全熟悉华礼文化设计范式，并通过学习各种华礼案例来掌握如何完成这些任务的能力。但做一个成功的自我分析的审计员对个人的能力有很大的要求。这个人需要以基本无偏见的眼光回顾他自己的记录和生活，跟自己对话，进行深入的自我反思，提出并回答深刻的问题。这个人也需要和他生活中各种有关联的人交流来获得反馈。最后，这个人需要识别自己的需求（活力征象），以及现有实体和期待的实体之间的差距。

在家庭组成形式上，审计员的角色可以由家庭的某个成员扮演，或者是由这个家庭信任的朋友或亲戚，一个可以向其敞开的人担任。在家庭实体上，我建议可以考虑使用专业的审计员，甚至可以作为婚前咨询的一部分。我的感觉是家庭可能是华礼文化中最弱的一个组成形式。许多人结婚时不会思考讨论未来家庭的文化个性的具体元素（比如目标、规则），也并不了解对方的个人华礼个型的很多元素，更不要说达成两人个型的妥协。

非亲属形式（熟人群）审计会有两种情况。第一种情况是一个人想要知道他现在的熟人群的状况，譬如他想知道他是否在与正确的朋友交往，是否在以正确的方式维持正确的关系。在这种情况下，这个人自己，或一个值得信任的朋友，或一个专业的审计员，都可以进行这项审计。第二种情况是由一些想在他们之间建立某种更加合适的结构的熟人们发起的。在这种情况下，根据涉及的熟人的人数和期待的实体的性质（比如哪部分框架及希望达到的活力征象），审计可能会比较复杂和耗时。但使用专业的审计员又可能会让一些成员觉得不舒服，所以可以由这个群体的一个或多个成员承担审计以及顾问的工作。

对于企业来说，由于其复杂性和巨大的工作量，审计最好由专业的审计员来完成。公司每过一段时间都会做企业精神的策划，特别是当新的 CEO 上任时，所以他们对这个基本过程并不陌生。然而华礼文化设计范式是一个他们不熟悉的新范式，一个公司应当请一个在华礼文化设计范式上训练有素并有经验的专业审计员来帮他们完成这个任务。公司在现有的企业精神实践中往往会犯的一个错误是为了做而做，但没有产生很有意义的结果。企业会使用目的、价值、愿景和使命等各种概念，但往往很多参与决策的人对每个概念的准确定义都没有搞清楚。华礼文化设计范式在其框架组成部分上有明确的定义，审计员需要深刻理解公司现在使用的术语，并且将他们所做的（而非他们自称的）事情（和企业精神）与华礼文化设计范式中不同的框架组成部分联系起来。审计员也有责任将一种一般的企业文化转化为一种真正的华礼企业文化。

定期审计和更新

生活中很少有事物是恒定的，个型和成员都会、也应该随着时间的推进演化更新。为了最有效地进行更新，它们应当定期（如每年、每五年）以及/或者在成员的重要里程碑（如个人上大学、家庭生孩子）进行更新。更新的第一步是对实体的状态进行一个更加聚焦的审计，也与第一次审计不同，定期的常规审计会使用少得多的资源（时间、精力）。

进行这样的定期审计和更新有几个原因：第一，对第一次的文化设计的结果进行评估，看看它在实践中的效果，并对其中的错误和低效的元素进行调整改正。第二，了解实体内部的变化，并做动态的调整。一些内部变化是由于个型的一部分产生了自发的变化，比如在目标和基石上；另一些变化可能是因为成员的变化，比如非亲属形式中的关系。第三，了解实体外部的相关因素并做动态的调整。例如，某些外部变化可能使得原本的目标不再值得拥有，或者特定的规则不再适用。

审计清单

整个审计过程包括如下步骤和内容：
- 指定审计员
- 数据收集
    - 收集现存（二手）记录
        - 个型
        - 成员以及他们如何在生活中运用个型的元素
        - 参照实体（如果有的话）
    - 收集一手数据
        - 个型
        - 成员以及他们如何在生活中运用个型的元素

- ■ 成员对实体的评估
- ■ 成员的需求（现存的〔满足和未满足的〕，以及希望满足的，尤其是希望达到的个型的活力征象）
- 诊断（文化实体的状态）
  - ○ 描述确定实体
    - ■ 描述个型
    - ■ 概括成员以及他们是如何使用个型的
  - ○ 评估实体
    - ■ 确定实体的核心绩效指标
      - 华礼文化设计范式规定的个型及成员
      - 成员期待的个型及成员
    - ■ 评估个型（核心绩效指标）
      - 主要问题、好的方面、需要改进的方面
    - ■ 评估成员对个型的使用（核心绩效指标）
      - 主要问题、好的方面、需要改进的方面
    - ■ 评估实体的整体效能和活力（核心绩效指标）
    - ■ 与相似实体的参照比较
- 处方（初步设计建议）
  - ○ 概括个型再设计的期待的结果（活力征象）
    - ■ 基于需求，不需要解决方案
    - ■ 自下而上和/或自上而下
  - ○ 概括对成员执行这个个型的期待的结果
    - ■ 基于希望的结果，不需要解决方案

第十三章
设计目标

本章讨论设计华礼个型中的目标的关键步骤。通常一个个型的存在是为了服务其成员的某些目标,因此这本书在讨论基石、规则和经历前先讨论目标。

指定顾问

设计目标的顾问一般是两种人。一种是"杂家",他会帮助完成整个个型的设计,甚至也可以做审计员。另一种是"专家",他是专门擅长于设计华礼目标的人,甚至是一个专门设计某个特定组成形式(如个人、家庭或企业)的华礼目标的人。第二种顾问往往能提供更丰富和全面的建议,同时保护一些隐私,因为他只需要完成个型的一部分,无需对实体的其他部分有深刻的了解。但使用第二种顾问的挑战是这个实体的成员必须自己熟悉华礼文化设计范式，并且能够将（从不同的顾问里得到的）的建议整合成一个完整的个型。如果可能的话，我建议在家庭和企业形式上尽可能使用专业顾问。

研究审计结果，主要关注目标和活力征象

目标方面的数据应当包括书面写的、被问时提及的、没有明确表达但是隐含的、知道但表达不出来的，及成员自己可能都没意识到的。除了从现存记录和与成员交流得到的数据外，顾问也可以通过与参照实体（相似或向往的实体）的比较建构可能的目标，后者往往会帮助成员发现一些以前没有想到的，但非常有吸引力的目标。

在研究有关目标的数据时，我们要注意几点：①数据的准确性，因为在很多情况下人们有强烈的动机不说出真实的目标，以保护隐私或不与社会期待相悖，特别是在个人、家庭和熟人组成形式上；②多种甚至相互矛盾的目标，这会发生在一个成员自己身上，也有跨成员的；③明显缺失的目标；④一些成员可能没有想过目标，或者尝试想过后放弃了，因为想这个问题太辛苦或他们没有能力完成；⑤成员可能混淆不同类型的目标，例如很多成员将阶段性目标看作是终生目标。

顾问也应该仔细研究审计员完成的对目标的诊断，尤其是对实体的各个活力征象的相应影响。在审计报告里发现的有关目标的现存弱点不是都需要或者可以被纠正。顾问找的应是一种平衡，目标必须既让人憧憬又有较大的实现可能性。

收集和目标相关的额外数据

在审计的数据基础上，顾问一般要收集三类数据。第一类是某个给定的组成形式里所有（或更多的、常见的）的目标，这个不和某个实体有关，是所有这个组成形式里的实体的目标集合。这是一个"目标全集"。一个专门为某个组织形式的目标做顾问的人应该早就有相应的"目标全集"。在目标全集中，顾问可以进一步识别出哪些是适合这个实体的子集，我称这个子集为"目标候选集"。

第二类数据是有关这个实体的每个目标的更多信息，比如了解某个目标到底指的是什么，哪些成员赞成哪些成员反对，等等。

顾问必须对人类需求有深刻的理解，需要熟悉各种需求理论，这是必须获取和理解的第三类信息。这些理论包括但不限于人类基础价值观（Schwartz, 2012）、马斯洛的需求层次理论（Maslow, 1943）、内心博弈论（Ding, 2007）。

处方

设计目标应当从审计员在其处方中的建议开始,但不应被这些建议限制,就像专科医生应当考虑家庭医生的初步诊断和处方,但会在自己的分析基础上,得到最终的结论。顾问一般应该从现存个型的目标和成员希望拥有的目标开始,然后将目标候选集加入他的分析和建议(从目标候选集里选择合适的目标纳入这个个型)。

总的来说,顾问既不能野心太大,也不能束手束脚,因为他选择的目标将奠定个型其余部分的基调。从设计角度来看,顾问必须考虑到一个实体的目标,作为一个整体的广度、深度和兼容性。

广度指的是哪些类型的目标需要被列入这一个华礼文化个型。比如对于家庭形式来说,除了包含夫妻、父母和孩子,还需要包括祖父母和非直系亲属吗?在顾问的帮助下,全体成员首先必须在这个问题上达成一致。

深度指的是每个目标类型当中应包括多少个目标,及具体到什么程度。比如在家庭形式中,在针对孩子这一类型上,是否应当包含他们的自立能力、和他人的关系、身体的健康等等。还是否包括学龄前的目标、小学目标、初中目标、高中目标、大学目标。

兼容性指的是目标间没有冲突,所有的目标都可以为这个实体接受并实行。

在有多位成员的实体中，一种保证目标的兼容性的方法是选择所有成员的目标在广度和深度上的最大公约数。这样的目标相对较容易识别，也最不会引起争议，但可能在很多情况下不是最好的结果。另一种方法是顾问确定对大多数成员（或绝对多数，或核心决策者）来说最好的目标，同时预期其他成员要么调整和适应，要么离开。

目标兼容性也反映在这个实体之外——这个实体的目标是否和成员所在的其他组成形式里的目标兼容。例如，对于熟人群来说，应当如何设计它的目标以便使其与每个人家庭或个人的目标兼容（或者不兼容但可以接受）。设计目标不在于实现兼容最大化，而是将它看作在某个规模目标最优化的约束。

目标的兼容可以通过某些规则来保持。譬如说，一个成员必须遵守一个熟人群的目标，不然他们的成员资格会被取消（比如违反道德）。或者是明确规定，不允许讨论和所在的实体没有直接关系的、在别的组织形式上的华礼个型上的潜在冲突。比如在同一个办公室工作的同事可以规定大家不谈政治，或不谈个人信仰。

在确定广度、深度之后，保证（合适的）兼容性的前提下，顾问就应该逐渐搭建这个实体的目标。这会是一个不断从成员得到反馈然后做出相应调整的反复过程。一个好的顾问应当能提供全面深刻的分析和完整的目标候选集。某个个型的目标可能会很多，我建议顾问应该帮助确认这些目标的核心（核心目标）。核心目标应该包括几个最基本的、可见的目标，来作为激励成员及评估的标准。

质量控制

包括目标在内，任何实体建构的最后一步都是质量控制。质量控制的三个主要任务是确认：①（再）设计的目标解决了审计员和顾问根据成员反馈和华礼文化设计范式识别出的需求；②（再）设计的目标不会引起与成员所在的其他组成规模的目标之间不可接受的冲突；③成员和相关人士会接受修改后的目标并且会尽全力去实现。质量检验的结果如果不令人满意，顾问应当重新设计目标。

目标清单

整个目标设计过程包括如下步骤和内容：
- 指定顾问
- 研究审计结果，主要关注目标和活力征象
- 收集和目标相关的额外数据
  - 可行的解决方案（全集和候选集）
  - 有关目标的补充性信息
- 处方

- ○ 再设计个型的推荐目标（活力征象）
  - ■ 广度（目标类型的数量）
  - ■ 深度（每个目标类型的目标数量及具体程度）
  - ■ 兼容性
- ○ 核心目标
- ● 质量控制

第十四章
设计基石

虽然通常不为外人所知,但基石决定了一个华礼个型的实力和影响。不过对某些华礼个型来说,它有可能是不需要明确定义基石的。本章讨论设计华礼个型中的基石的关键步骤。

指定顾问

帮助别人建构基石可以非常容易,也可以非常难。对于有像宗教这样的完整的信仰系统的人来说,基石已经被全面地定义了,顾问的任务是评估和了解,而不是再设计。就算设计了,这些成员也不会接受任何大的改变。但对于没有形成完整的信仰系统的人来说,顾问的工作极具挑战性,也非常复杂。因此，根据成员现有基石的情况，需要合理选择这一步骤的最合适的顾问。

与目标顾问类似，基石顾问可以是"杂家"，帮助完成整个个型的设计，甚至也做审计员。他们也可以是"专家"，专门擅长于设计华礼基石的人。和目标顾问不一样的是，这个专家不需要具体到特定的组成形式上。

基石顾问的高难度在于它本质上要求顾问了解这个成员（实体）最深层的人生的基本观点，要比审计员深入得多。这是件非常敏感的事情，也需要顾问自己有很强很广的基石知识。和目标顾问一样，使用专业的基石顾问有助于保留隐私，但加重了成员的负担。在一些情况下，一个对基石的各个方面有很深了解的并有能力以客观的方式自我分析的人也可以自己完成这项任务。

研究审计，集中关注基石和活力征象

在研究有关目标的数据时，我们要注意几点：①数据的准确性，因为基于基石的性质，人们可能为了维护隐私或从众而没有提供真实的答案；②基石的多样化和冲突性，可能存在于每个成员内心和成员之间；③缺失的基石成分，特别是对于没有完整信仰系统的成员。另外，顾问也应该着重检查与一个实体的成员如何遵守并实践现有个型的基石有关的数据。顾问也应该仔细研究审计员完成的对基石的诊断，尤其是对实体的各个活力征象的相应影响。在审计报告里发现的有关基石的现存弱点不是都需要或者可以被纠正。

收集基石相关的额外数据

顾问应该收集（如果有的话就回顾）两类额外数据。

第一类是一系列可能的基石。我简要回顾过作为华礼遗产文化的最重要基石，在此不做重复。推动基石发展的顾问必须熟悉这些不同的基石（全集），以及对特定文化实体来说可行的基石（候选集），并要能理解华礼遗产文化中不同基石的相同和相矛盾的观点。

第二类是与这一实体的基石相关的更全面的信息，包括对成员关于他们的需求和当今的基石进行的更深刻的访谈和讨论。与目标不同，人们不大可能在一次审计中全面阐述自己的基石。因此，额外的一手数据的收集就非常有必要了。相比华礼文化的其他组成部分来说，有关基石的数据非常难收集，因为成员们会认为这些很敏感，而且很多人没有仔细想过。一个专业的值得信赖的基石顾问会在深入准确了解成员基石的有关信息上起到重要作用。

处方

在广度和深度上，基石与华礼文化个型的其他组成部分相比很特别。因为有时不明确一个实体的基石（起码部分基石）可能反而会对华礼个型目标的实现有帮助，特别是在某些组成形式中（比如熟人群、中观规模里的企业和机构，甚至有时在一些亲属群）。虽然共同的基石可能会增强一个华礼实体，但有争议的基石一旦被明确表达出来并成为华礼个型的一个核心部分，则可能导致和别的实体的摩擦并降低一个实体的效力。基石顾问必须和成员们一起确定，基于这个实体的具体情况和顾问的经验，什么具体的基石元素应当被吸收到这个个型里。有的时候，顾问也可以建议基石中的某一些部分只是在实体的内部达成共识，但不对外公开，以避免与外部实体的不必要冲突。

但在有的情况下，基石是一个实体最重要的组成部分，比目标还重要。一个家庭华礼个型里父母会认为培养他们的子女拥有特定的基石是他们家庭中最重要的任务。因此基石顾问应当根据处境和成员对基石在一个特定的实体里的作用（包括从它成员的角度看）灵活处理。比如一个华礼企业可能需要用附加的共同基石元素来丰富其成员个人的基石，以使企业运转更高效。而一个熟人群或许需要确保不存在有冲突的基石，以此预防熟人之间可能的冲突。

基石的兼容性包括两方面：一个是同一个实体中的不同成员间的兼容；另一个是同一个人在他属于的不同华礼组成形式间的兼容。在第一种情况下，基石和目标存在着多对一的对应关系，不同的基石有可能都支持同一个目标。因此顾问要意识到这一点，允许个型的目标背后成员们的不同的基石可以共存，但不能有冲突。当公开各个成员的某个基石元素会可能引起冲突，顾问就要和成员探讨这个实体（个型）是否能在没有那个基石元素的情况下继续正常运转，然后再做是否需要明确这个基石元素的决定。在第二种情况下，理想状态下一个人应当在他属于的所有文化实体里保持自己同一个真实的基石。顾问不应该希望一个成员为了某一个实体而改变他的真实的基石。

在确定广度、深度之后，保证（合适的）兼容性的前提下，顾问就应该逐渐搭建这个实体的基石。这会是一个不断从成员得到反馈然后作出相应调整的反复过程。一个好的顾问应当能提供全面深刻的分析和完整的基石候选集。一个文化个型的基石可能会很丰富，我建议顾问应该帮助确认这些基石的核心（核心基石）。核心基石应该包括几个最基本的元素，也应包括和目的直接有关的元素。

质量控制

对于基石设计来说，质量控制的三个主要任务是确认：①（再）设计的基石解决了审计员和顾问根据成员反馈和华礼文化设计范式识别出的需求；②（再）设计的基石不会引起与成员所在的其他组成规模的基石不可接受的冲突；③成员和相关人士会接受修改后的基石并且会尽全力去遵守。与华礼个型其他组成部分不同的是，基石很可能在成员中极具争议，甚至在一个基石元素上的争议都可能彻底摧毁一个华礼个型，因此成员的反馈和意见对基石设计至关重要。质量检验的结果如果不令人满意，顾问应当重新设计基石。

基石清单

整个目标设计过程包括如下步骤和内容：
- 指定顾问
- 研究审计结果，主要关注基石和活力征象
- 收集和基石相关的额外数据
  - 可行的解决方案（全集和候选集）
  - 有关基石的补充性信息
- 处方
  - 再设计个型的推荐基石（活力征象）
    - 广度（基石类型的数量）
    - 深度（每个基石类型的基石元素数量及具体程度）
    - 兼容性
  - 核心基石
- 质量控制

第十五章
设计规则

规则是实现目标的工具,也是保证和强化基石的手段。一个实体为它的成员及他人创造的价值,如果基石和目标不变,很大程度上取决于它的规则和规则是如何执行和鼓励的(比如规则的每个元素的执行情况是否和有效的积极或消极的后果相联系)。本章我讨论建立规则的关键步骤。

指定顾问

规则的顾问无需基石顾问和目标顾问那样高的诊断能力,但规则设计是一个需要高度参与并且更加繁重的任务,而且要确保全面性。好在到这一步时目标和基石已经被确定了,规则顾问可以根据这些目标和基石来确定规则。规则顾问的工作是筛选出最能为各个基石和目标元素服务的规则，并把每一条规则与相应的后果连起来。和规则顾问相反，目标和基石顾问的工作则需要更多创造性思维，没有固定的模式。

与基石和目标一样，规则设计可以由一个"杂家"来设计整个华礼个型，或者由这个实体的成员自己完成这项工作。但我建议规则顾问的工作应该由专业设计规则的人来做，如果这个人擅长于相应的组成形式（个人、家庭、熟人，或企业）就更好了。这是一个工作量很大并需要很多专门知识的工作，寻求规则专家的帮助可以大大提高效率，而且也可能会得到更好的结果（更全面的规则和恰当的后果）。

研究审计，集中关注规则和活力征象

规则方面的数据要直观得多，成员也不大可能隐藏相关规则的信息。如果审计员认真完成了工作，这方面信息应该是完整的。有关规则的信息必须包括以下这些内容：①规则；②后果；③当前实施规则的状态和效果（如是否和别的规则有冲突、违反的情况、处罚〔或鼓励〕的效果等）；④对这些规则的反馈。人们也要根据基石、目标和基准实体的规则来评估这个实体的规则的完整性。顾问也应该仔细研究审计员完成的对规则的诊断，尤其是对实体的各个活力征象的相应影响。在审计报告里发现的有关规则的现存弱点不是都需要或者可以被纠正。

收集规则相关的额外数据

我在第二部分讨论了一些核心的（但不是所有重要的）符合华礼遗产文化定义的规则。根据文化设计范式，规则包括要做的、不能做的、特定事件的操作与决策方法。规则全集非常庞大，但一个规则顾问至少应当熟悉对这个实体可能适用的规则（规则候选集）。这是一个很重要的必须额外收集的数据。规则顾问也需要熟悉可以用于鼓励或惩罚不同规则的实行情况的方法及相应的效果。不过一旦一个规则顾问收集了有关组成形式的规则，这个数据库也可以用于在同一个组成形式里的别的实体的文化设计。以家庭为例，规则候选集应该包括治理结构（由谁决策，如何解决冲突）、家庭成员如何交流、是否加入某一种宗教信仰、谁赚钱以及如何分配给各个家庭成员（及他们的不同活动中）等等。这个数据库需要花时间建立，但可以用到所有的家庭华礼设计中。

规则顾问特别要留意不同的华礼遗产文化里用以指导行为的，但是互相冲突的决策规则。在漫长的华礼历史当中，许多不一致甚至相反的行为规则被代代相传，并已逐渐都发展为受很多华礼人认可的共识。比如说，在面对生死选择的时候，一种华礼观点是好死不如赖活；而另一种华礼观点则是士可杀，不可辱。这种相悖的观点不仅仅被不同的华礼人使用，有时甚至同一个华礼人在不同的时候也会用不同的互相矛盾的规则。当然，很多华礼人也已被这些相矛盾的规则搞得左也不是，右也不是。在这种情况下，规则顾问必须选择其中一种观点而不是由成员"看情况"决定用哪个规则。

由于规则和目标（或基石）存在多对一的对应关系，一种建立规则数据库的形式是做一个表格，每行是一个规则，它服务的目标和（或）基石，它可以帮助实现什么样的活力征象/指标（和贡献的程度），有关的鼓励/惩罚及效果，等等。

处方

规则服务于目标和基石，所以规则的广度和深度是与目标和基石直接相关的。这里有三个重要决定。首先，对于一个给定的目标（或基石）元素，规则顾问要决定设置多少不同的规则来确保它的实现。规则不是越多越好，太多规则会对一个实体有负面影响，因为每一个规则都需教育、遵守和监控。太多规则也反而会让有些成员放弃遵守规则。其次，哪些基石（在一些情况下甚至包括目标）元素，由于各种原因，是应该或无法制定相应的规则的（例如有关规则太复杂、无法监控、缺乏合适的后果）。最后，决定每一条规则的适用范围。比如说，如果"不要撒谎"是一个家庭个型中的规则，规则顾问可以明确这条规则只适用于家庭成员之间的沟通,而不是一个与非家庭成员沟通时也要遵守的规则;或这条规则只是在撒谎对别的家庭成员不利的情况下才适用,但一个人可以用不伤害到家庭成员的谎言来保护自己的隐私(或和工作有关的事情)。

规则必须要有很好的兼容性,这反映在同一个华礼个型内部的不同规则,也反映在同一个成员所在的不同文化实体的相关规则。第二种情况并不是说一个华礼人在不同实体里对同一件事情要有完全一样的规则,而是指如果存在不同规则的话,一定是可以被接受和执行的。例如,可以明确规定不要撒谎是家庭规则的一个元素,但在非亲属群体个型中的有关规则可以是不讲会损害他人的谎言。

顾问可以使用规则候选集来挑选个型的具体规则,以及相连的后果。因为每个目标(或基石)元素可以对应多个规则,顾问有一定的灵活度来挑选合适的规则,并构建一个规则的最优集合。一个好的规则不仅可以达到它的目的(服务于某个具体的目标或基石),也应该可以和别的规则相互协调和补充(或至少不会相悖)。

规则顾问不应该设立一个没有恰当的(好的或坏的)后果的规则,那种规则有其名无其实,反而会对个型无益甚至有害。在这种情况下,顾问可以采用别的,能部分服务预定目标或基石,可以有后果的规则(例如通过服务它的充分条件、必要条件、结果)。另一种可能就是在经历里增加反映这个没有合适后果的规则的经历元素。

规则是用来服务基石或目标的，一个规则顾问应该首先重点为目标建立合适的规则，然后再考虑为基石建立相应的规则。建立新规则，并根据新规则来改变自己的习惯，对一个华礼人，特别是成年人，是一件非常有挑战的事情，但是一个有决心有动力的人是应该做得到的。规则顾问要把握好尺寸，不能简单地因为一个实体的成员认为某一个规则太难做，就放弃那个规则。华礼设计的目的就是挑战一个华礼实体做它原来认为做不到的事，获取它原来认为获取不到的成绩。

自从我开始研究和写这本书，我就特意尝试过给自己建立新的规则，以自己为例体会改变习惯的挑战。比如我2015年初设立的一个规则是不吃哺乳类动物（脊椎动物亚门，哺乳纲），用以支持我的尊重在进化中和人类相邻的中高等智能生物的基石（人也属于哺乳纲）。这个规则对我的日常饮食造成了很大的影响（比如我放弃了以前最喜欢吃的小笼汤包），也给我的家庭和一起吃饭的朋友造成了额外的负担。同时我还要每次跟别人解释为什么我这样做。但我坚持下来了。我2015年初设立的另一条规则是书面称呼同辈朋友时（邮件、微信等等）在名字后加"友"，这表达出亲近和尊敬，同时又是性别中立。这个规则是为了解决我在现有的礼节里找不到满意的方案。我不想叫我的教授朋友们"某老师"，因为"老师"一词已经在社会上变得非常普遍，基本上什么人都可以被称为老师，已失去了其特殊含义或亲近感。我也尝试过,像美国等说英语的国家那样,直接用朋友们的名作为称呼。但这也不令人满意,特别是当别人名字只有一个字的情况下。最后在查找很多遗产文化的相关资料和思考后,我决定用"友"。虽然这一开始有点奇怪,但我的朋友们都已经习惯了,甚至有时也用"友"来称呼我。

在个人、家庭和熟人群等组成形式里,有些人觉得不应该有规则这种严格的事物,至少越少越好。他们认为规则太正式了,把实体里的乐趣和自由给抹杀了。他们也不乐意去惩罚违反了已建立的规则的成员。这些想法和行为都是导致一个实体失败(比如离婚)的主要原因。规则顾问必须防止成员有这种逻辑。

核心规则

一个实体个型的规则应该是一个连贯的整体,而不是零碎的条款的集合。这样的规则容易沟通、理解和遵行。但一个实体的规则会很多,重要性也不一样,而且难免会有些规则和别的规则没有太大的关系。我因此建议每一个个型里定义一套核心规则,这些规则不但应该反映这个个型的精髓(最重要的基石和目标),而且最好是互相支持、有共性的。核心规则的量不要大,一般3—7个,最好不要超过10个。这些核心规则也必须是非常具体并可验证监督的。比如佛教的五戒(不杀生、不偷盗、不邪淫、不妄语、不饮酒)就可以看为是一个佛教信仰者的核心规则。

质量控制

对于规则来说，质量控制的四个主要任务是：①（再）设计的规则解决了审计员和顾问根据成员反馈和华礼文化设计范式识别出的需求，同时每个规则确实服务于目标和/或基石，规则不是为了存在而存在，它们从属于目标和基石；②（再）设计的规则不会引起与成员所在的其他组成规模的规则不可接受的冲突；③遵行或违反规则都有明确规定的实质性后果，没有后果的规则意义甚微，也不可能在实际生活中被成员遵守；④成员和相关人士会接受修改后的规则并愿意遵守。像其他部分一样，若质量检验的结果不令人满意，顾问应当重新建构规则。

规则清单

整个规则设计过程包括如下步骤和内容：
- 指定顾问
- 研究审计结果，主要关注规则和活力征象
- 收集和规则相关的额外数据
    - 可行的解决方案（全集和候选集）
    - 有关规则的补充性信息

- 处方
  - 再设计个型的推荐规则（活力征象）
    - 广度
    - 深度
    - 兼容性
  - 核心规则
- 质量控制

第十六章
设计经历

和规则相呼应,经历从另一个角度服务于目标和基石。但经历又和别的文化框架的成分有一个本质的区别:经历是实实在在发生在生活里的事情,是一个人(实体)的经验存在,而不是抽象的。由于这个特征,经历可以对活力征象有很大的影响,特别是归属这一活力征象。本章讨论建立经历的关键步骤。

指定顾问

经历顾问要做的是基目规经框架中相对最容易的一个任务。虽然专业顾问可以高效完成这项工作,但成员自己一般也可以把它做好。如果是成员自己完成,在了解已经确定的基石、目标和规则的基础上，他/她需要特别研究别的基准（类似）实体的经历和有关经历的材料。经历顾问的最大挑战之一在于平衡选择合适的经历组合以增强目标和规则，同时又不给成员造成负担。成员们的时间精力都有限制，过多的经历会造成厌倦，适得其反。

研究审计，集中关注经历和活力征象

经历方面的数据最直观，也最容易收集。如果审计员认真完成了工作，这方面信息应该是完整的。有关经历的信息必须包括以下这些内容：①经历类型。由于一个人生活的每分钟都可以被看作经历，成员们可能会在经历的集合中加入太多元素。另一个极端是，他们可能会因为觉得琐碎平常而漏掉重要的经历元素。一位好的审计员应当已经识别了经历里的恰当元素并分好了类。②经历的现状（比如频率、受欢迎程度以及参与者）。③对这些经历的反馈（态度）。此外还有未被满足的经历需求。

在评估经历数据时，顾问应当特别关注是否对应的基石、目标和规则已经被恰当的经历（从质量和数量角度）充分覆盖了。另外，顾问也要评估这个实体平常是否会记录重要的经历（口头、书面、照片、视频、音频等等），这些记录会帮助创造实体的共同记忆和历史，是归属这一关键活力征象的重要来源。

在大多数实体中，经历往往是偶然的，而不是计划的。这不是建立华礼个型经历的正确方式。顾问应当仔细回顾审计员完成的经历诊断，哪些经历有效，哪些无效，哪些是偶然被实体吸收的，尤其是对实体的各个活力征象的相应的影响。

收集经历相关的额外数据

收集了解在一个文化组成形式里所有可能的经历（全集）是超出任何一个顾问的能力了。但经历顾问仍然应该尝试去建立一个尽可能全面的经历全集，并熟悉哪些经历类型可以用于服务哪些不同的基石、目标并实现哪些规则。就像在文化设计范式中讨论到的，经历可以分为内部（独立的大脑活动，不需要外部信号的刺激）和外部（外界主导的，基于感官的）经历。经历的形式是多样的：从一般的行为规范，到被鼓励的行为，到有组织的活动等等。

经历的候选集是适合某个实体中独特目标和基石的具体备选经历。它应当是一个远小于整个经历全集的子集，这个候选集也取决于成员的特性（如经济状况、社会地位）和处境（包括不属于实体框架的因素，例如成员的地理位置、政治环境）。经历和目标或基石之间是多对一的对应关系。和规则一样，我建议为经历候选集做一（多）个表格，这会使下一步（处方）的工作容易很多，也让顾问更容易把握整体。候选集的经历元素不应会让成员觉得做作和尴尬。不管本意如何，要人们去做自己觉得不舒服的事不会对实体有帮助。候选集的经历也必须是可操作的，对一些经历，还要是可以定期坚持的。

处方

经历顾问应该为每个核心目标的元素找到合适的经历，并为最需要支撑的那部分基石（比如对应的规则不够强或较难执行）找到合适的经历，当然还要加上在规则里指定的特定事件（比如成人礼）。这是经历顾问要做的第一个决策。

除了广度（不同的类型），经历设计还要考虑深度，即每个类型里经历的数量和频率。比如说，一个成员应当有三个还是五个针对同一个目标的经历？是应该每周工作时间里花半天还是每两周花一个周末？是整个群体还是一部分人（或可选的）参与？在这些问题上设定合理的期待很重要，因为它们会成为成员们的规范。

在实体的不同成员之间和一个成员所在的不同实体之间都需要满足兼容性。经历上的冲突里没有像在规则中那么严重，这里的关键是避免在不同的实体间的经历的重复，并保证多种经历的存在不会影响到一个成员的参与度。与华礼个型中其他框架部分不同，每个经历都需要花时间来实现的，但每个人每天只有 24 小时。

一旦合适的广度和深度确定了，在考虑兼容性的前提下，顾问就可以从经历候选集（表格）中选取适合该个型的具体经历元素了。每个目标或者基石元素对应着多个经历，这就给顾问选择最优的经历集合提供了灵活性，这样它们不仅各自起到原有的作用，还可以互相呼应成为整体。

总体来说，每个经历都应该有一个明确的作用，避免随意加入新的经历，也不要为了创造经历而创造经历。虽然经历不像规则那样是强制性的，但过多的经历会成为一个成员的负担。

核心经历

每个实体都需要一个人人都珍惜、定期参与并且认同的核心经历，这些是经历皇冠上的明珠。一个华礼个型的核心经历不一定要有很多的元素，但不可以一个都没有，即便是在个人形式的个型里。在很多美国大学里，一个可以即刻联结起差异巨大的学生和校友的经历是橄榄球，即便这些人可能相差50岁或者政治立场完全相反。我在美国两所橄榄球很强的大学（俄亥俄州立大学和宾夕法尼亚州立大学）待过很多年，体会深刻。以这样的核心经历建立起的归属感是可以每个成员都能体会得到，而且非常强烈。

核心经历不一定要很多，可以只有某一个经历，但这个必须认真选择以最好地服务于目标和基石。它也可以是规则中明确的特定的事件，例如在个人文化形式里的成人礼。

质量控制

对于经历来说，质量控制的四个核心任务是：①（再）设计的经历解决了审计员和顾问根据成员反馈和华礼文化设计范式识别出的需求，它应当遵行规则，并旨在服务目标及基石。这些经历也应当促进个性的活力征象。②（再）设计的经历不会引起与成员所在的其他组成规模的经历不可接受的冲突。③整个经历，包括核心经历，是全面但不累赘的。④调查确认成员和相关人士会接受经历并愿意实行。像其他部分一样，若质量检验的结果不令人满意，顾问应该重新建构经历。

经历清单

整个经历设计过程包括如下步骤和内容：
- 指定顾问
- 研究审计结果，集中关注经历和活力征象
- 收集和经历相关的额外数据
  - 可行的解决方案（全集和候选集）
  - 有关经历的补充性信息
- 处方

- ○ 再设计个型的推荐规则（活力征象）
  - ■ 广度
  - ■ 深度
  - ■ 兼容性
- ○ 核心经历
- ● 质量控制

第十七章
整合和品牌

个性方法的最后一步是把所有先前的分析整合为一个连贯完整的华礼个型，特别着重于排除不一致性、降低重复性、提高平衡性和提高实用性这几点。在此基础上，我们需要提取出一个华礼个型的品牌。

指定顾问

这个工作可以由一名顾问完成，或由这个实体的成员们完成。如果使用顾问的话，不同于前面的几个步骤，这里的顾问起到的是一个协调的作用，而不是主导的作用。我建议一个实体的每个成员都应当积极参与到这个最终的步骤之中。

搭建完整的华礼个型

最终的华礼个型不是基目规经四个部分的简单合并。在一个文化个型能真正被投入使用前,顾问需要与成员合作,对个型排除不一致性、降低重复性、提高平衡性和提高实用性。

尽管建立基目规经框架的每个结构时会去除不一致性,但新的不一致性,特别是在不同框架结构之间的不一致性,会在这个整合的过程中出现或变的明显。这种情况必须在这最后一步里得到纠正。

重复性是整个过程中最难避免,却也最应该被仔细衡量、认真对待的。有些时候,重复性可以对个别元素起到巩固的作用,但一些并不符合我们设计意图的重复性则应该在这一步骤中被识别并剔除。

每个结构组成中都有许多不同的元素,在整合所有的结构时要特别用心去平衡不同元素各自的作用及它们对整个个型的贡献,并决定舍弃。

最后,这一个环节也是对设计出来的华礼个型整体实用性的最终检验。一个繁复笨重的个型,无论它在概念上有多先进,都无法服务于其最初设计的目的,因为在现实中实践这一华礼个型时各种问题会逐渐浮出水面。一个不被成员们全心全意接纳的个型更是不会长时间存在的。我建议这个实体的成员们不要急着去实践一个新设计的华礼个型，而是暂时把它放到一边，过一段时间（几天到几周）后再重新去评估这个华礼个型。这样的话可以淡化因重新设计华礼个型的兴奋，从而可以用冷静的眼光最后对它进行一次评估，决定是否确实有足够的实用性。

品牌化

当成员对重新设计的文化个型满意的时候，也就是把这些个型的精华提取出来并加以品牌化的时候了。这种品牌化既针对成员（对内品牌），也针对外界（对外品牌）。这一问题在本书前面的章节中已经有了详细的阐述，读者可以通过阅读那些章节并遵循其内容来行动。

第四部分
范例方法

我将在这个部分讨论第二种文化设计的应用方法：范例方法。首先，范例方法比个性方法简单的多，一个华礼实体（个人）首先找到一个（或几个）最合适的范例实体，然后在它（们）的基础上按照自己的情况进行微调。其次，范例方法在分析的单位上也和个性方法有本质上的不同。个性方法通常是从一个具体的华礼实体开始，这个实体有已经确定的个型和成员。个型方法分析的单位是华礼实体。在范例方法里，我们分析所有的在相关组成形式上的华礼个型，而不是局限于（某个）实体。分析得到的范例个型（及亚型）是被很多华礼人实体采用实践的（当然，每个实体之间会有些差别）。所以，范例分析的单位是个型（亚型），而所有实践范例个型（亚型）的人，不管他们属于哪个实体，都被统称为那个范例个型（亚型）的实践者。

第四部分的目的就是为计划使用范例方法的华礼人提供四套经由系统性分析后得到的范例集：个人华礼组

成的范例集、家庭华礼组成的范例集、熟人群华礼组成的范例集和企业华礼组成的范例集。每个范例都有很多华礼人（集体、机构）在使用，它们可以作为一个人重新设计某个相应组成结构的华礼个型的设计样板。

　　按照范例方法来设计自己的华礼个型的读者，应该首先仔细地研究相应的组成结构的范例；然后确认哪个是自己的期望（想成为的）范例；最后按照自己的情况对这个范例进行一些简单的调整。另一种方式是，找到和自己目前华礼个型最相似的一个范例，然后在它的基础上进行修改完善。范例方法容易使用并可以有效地提高一个华礼个型的质量，范例方法的结果对一个实体来说不一定是最优的，而是接近最优的一个个型。最优的个型设计需要使用个性方法。

　　这部分还有另外两个作用。第一，这四套经系统性分析后得到的范例集加起来是对当今华礼文化的一个详尽而具体的描述，可以很好的帮助任何想了解华礼文化的人或机构。第二，通过对每个范例的选择性的分析，展示了如何使用个性方法里的一些理念和步骤。

　　第十八章描述了为了找到这些有代表性的范例而做的社会细分（群组分析）的目标、方法、数据和结果的总结。最后得到的个人华礼组成有六种范例（个型），家庭华礼组成有五种范例（个型），熟人群华礼组成有六种范例（个型），企业华礼组成也有六种范例（个型)。每个范例个型都有两个到四个亚型。

这一部分其余的每一章都对应于一个范例个型。一般来说,每一章都有四个部分:①个型的基目规经框架;②实践者类型,包括他们是谁以及为什么他们成为该个型的实践者;③主要问题和补救措施,包括该个型和实践者存在的主要问题,以及可能的弥补方法;④前景,包括一些简洁的描述,主要针对个型的未来、实践者的演变和数量变化,及对整个华礼文化收敛的贡献。这个四部分结构和个性方法里的审计者的报告结构相似(虽然因篇幅原因,要简单扼要得多),再加上有关顾问的主要建议。

第十八章
社会细分及结果概述

本章简述社会细分（群组分析）的目标，讨论定性的细分方法，并描述使用的数据。最后，我将对分析得到的结果做一个概述。

社会细分（群组分析）的目标

不同于以前由儒家思想指导的整齐划一的华礼社会，如今华礼社会的特点是人群内部的异质性。如果想要了解华礼人，必须深入了解不同华礼人的独特性，可以帮助实现这个目标的工具就是社会细分（Segmentation）。细分是一种在许多不同领域广泛采用的方法，如经济学、管理学、政治学和社会学，它可以把人按照某个（些）维度，分成一系列的群组，虽然每个群组里面的人都在这个（些）维度上具有相似的特征，但是群体之间有很大差异。在这里，我们可以根据特有的基目规经特性，用细分的方法来识别不同的华礼群组。

那些不愿意或者不能够从零开始（用个性方法）的读者，可以把已经被识别的华礼范型作为模板，来构建自己的华礼个型。他可以首先研究本部分中相应组成形式里的所有文化范型，并确定其喜欢的范型（最相似的或最理想的），然后将其用作自己的设计模板，在此之上建立属于自己的华礼个型。他可以修改或替换一些不尽人意的元素以更适合自己，甚至添加一些元素（例如特定的礼仪）来给自己的华礼个型增添一些独特的色彩。对于一个希望设计最理想的华礼个型（对自己、他的家人、他的朋友或他的公司）的人来说，用个性方法设计出来的华礼个型才是最佳选择，但是在某些情况下，简单快速的范例方法可能会更加合适。比如第一次尝试设计华礼个型的人可以使用范例方法的模板来构建个型，实践后觉得有价值的话，再重新用个性方法来做一个完全个人化的个型设计。

对华礼文化做的社会细分还有两个用处。首先，这些细分群组的识别和描述会帮助任何对于华礼人现状和未来感兴趣的人。这个部分包括的四个文化组成形式（个人、家庭、熟人群和公司）是任何一种文化最核心的组成，了解了这几个组成形式就会对华礼人有一个很好的基本认知。这些有血有肉的信息，特别是当把它们整合后，对于华礼人的观察者、有关学者、与华礼文化（人）打交道的人，以及任何对华礼人好奇的人来说，都非常有价值。其次，细分过程、结果和分析展示了个性方法里的一些重要步骤，包括对现有个型（类型）的描述，诊断分析以及提出可能改进的建议。这些内容可以帮助那些希望研究和改进现有的个性方法的方法论的学者，渴望成为一名熟练的华礼顾问并去帮助他人建立华礼个型的人，以及任何有兴趣使用个性方法来设计他/她自己的个型的人。

定性细分方法

通常有两种细分方法：定量方法和定性方法。定量方法通常基于聚类分析的统计概念，并且依赖于从代表性样本收集的大量数据。虽然定量细分遵循一个成熟的统计方法，这也是许多情况下首选的细分方法，但它有两个主要缺陷。首先，定量细分方法需要将所需信息编写成易于回答并且可以纳入调查问卷的问题，这样的任务从来都不简单，对于复杂的文化设计来说基本是不可能的。其次，这种问卷收集到的数据存在很大的假想偏见。鉴于文化个型涉及个人深层的隐私问题，有些是非常敏感的元素，用一般的用于定量分析的问卷往往只会得到一般（主流）性的回答，或社会会接受的回答。

定性细分的方法更加个性化也深入的多，用的数据不要求是结构化的（比如可以是随意的聊天，反思），所以它在这两方面受到的影响较少（比如深入的访谈的假想偏差一般要比问卷调查要小得多）。但定性细分的方法也有它自己的局限。首先，它要求研究分析人员拥有非常好的挖掘数据共同特性、对实体进行分群的能力。这是一个人归纳推理的能力。和使用已经成熟得可以用模型来完成的定量细分相比，定性细分不但对分析人员的归纳推理的能力要求高得多，它的工作也要繁琐得多。其次，能力很强的分析人员可以有效的发现不同的群组，但不一定能找到最优的分群方法，也可能会遗漏一些人数较少的群组。最后，定性细分不会告诉我们有关最后发现的群组的量化的准确信息，比如各个群组的百分比，及有关变量的重要性。

在比较这两种细分方法应用到华礼设计的各自优劣势后，我决定选择定性细分的方法来构建这个部分的群组（范例集）。对于这本书的目的来说，细分得到的群组质量比完整性要重要得多，因为我对两种细分的方法都比较熟悉，不会受定性细分的第一个局限影响。但这不意味着我不建议在未来去尝试用定量的细分方法来发现范例。

定性细分是一种归纳推理方法。它需要研究人员观察、分析、比较并对数据分类，去抽象出一些共同特性，来建立它们之间的理论关系。归纳推理是许多学科和实践的基础，有丰富的参考资料和实例存在，我在此不再重复。我在这里只简要地讨论其中一个与本书用到的范例方法直接相关的分支：基于数据的理论（参见 1949 年 Merton 对中规理论〔mid-range theories〕的讨论）[1]。基于数据的理论是指从观察收集到的数据里抽象出理论的方法。现在被广泛采用的扎根理论方法[2]（Glaser & Strauss, 1967）就是基于数据的理论的一个例子，我写的共生理论方法[3]（Ding, 2015）也是一个例子。这部分描述的华礼范例是我基于数据的理论的指导，使用扎根理论和共生理论中的一些原理与实践发掘得到的，特别是它们的数据选择、数据编码、概念之间的关系以及理论饱和的思想。有兴趣的读者可以从下面附加注脚里面找到详细讨论这些方法的参考文献。通过这种方法得到的华礼范例属于实质理论（Substantive Theory）。实质理论是中规理论里抽象较少的一种，往往基于某一种具体的实践（Merton 1949，更加抽象的中规理论叫正式理论〔formal theory〕）。

细分的第一个任务是决定基于哪（几）个变量来做分类。我建议华礼的范例方法使用基目规经框架里的目标来做细分。这是出于以下几个原因。首先，华礼文化里每个人、

---

[1] Merton RK (1949). *Social Theory and Social Structure*. The Free Press, New York.

[2] Glaser B, Strauss A (1967). *Discovery of Grounded Theory: Strategies for Qualitative Research*. The Sociology Press, Mill Valley.

[3] Ding M. (2014). Symbiotic Theorization, *Customer Needs and Solutions*, 1: 200-213.

每个实体，都有至少一个短期目标，很多还有长期目标。但不是每个人、每个实体都会有明确的基石、规则或经历。因此，从数据角度来说，根据大家在目标上的不同来细分更有操作性。其次，与规则或经历相比，目标对文化实体至关重要。虽然基石是我们生命的基础，但有些实体不需要确定它们的基石，或者不需要同一个实体的成员们在基石上达成共识。最后，目标和基石、规则和经历具有一对多（或一对一）的对应关系，因此细分的群组结果不会有重叠（每个范例都是独特的）。

在细分方法里，包括定性的和定量的，一个分析人员必须做出一些主观的决定。其中一个非常重要的主观决定是最后应该分成多少群组。如果增加群组的数量，每个群组虽然会更加有特色，但抽象的程度就低了，而且每个群组的规模会变小，甚至小到失去实用意义的地步。虽然我在这部分使用的细分方法里没有限制群组的数量，但按照我的经验和别的文献，我一般会计划把某一个华礼组成形式（个人、家庭、熟人群、企业）下的所有实体分成五个到八个华礼型（范例），然后每个华礼型（范例）会有几种亚型。当然，一个华礼组成形式里最后得到的群组的数量是由具体的数据决定的。

数据

用于定性细分的数据包括一手数据和二手数据。书中的一手数据有几个来源：第一个来源是近几年我在内地和香港与1 000多名学术界、商业界和公共服务界的资深的华礼人的交流（包括一些来自台湾地区的华礼人）。第二个来源是近几年我在中国大陆各个地方对少数民族和不同的区域背景的人群的正式和非正式的调研。第三个来源是近几年我对华礼企业的访问，包括与这些企业家和高级管理层的对话。第四个来源是多年来我和海外众多的华礼人的接触，主要是北美的华礼人（移民和移民的后裔），同时也包括我2011年在澳大利亚国立大学做学术休假时接触到的澳大利亚的华礼人。

二手数据有两个主要来源。第一个是传统媒体出版物，包括书籍和文章。第二个是社交媒体上的信息，包括当前流行的社交平台，特别是各种微信群和朋友圈里的内容。有些在群里转发的小文章和热门信息对我的分析尤其有帮助。

结果概述

按照上述方法和数据，我对华礼的四个核心的组成形式分别进行了细分。细分的结果是（见本章最后的表格）：华礼个人共六种范例（型），华礼家庭共五种范例（型），华礼熟人共六种范例（型），华礼企业共六种范例（型），每种华礼型又都有两到四个有细微区别的亚型。表中的每一行表示四种不同的组成形式，每一个单元格代表着细分后发现的一个范例（华礼型）。但同一列（跨越不同的组成形式）的华礼型之间没有任何关系，只是便于呈现。从左到右，华礼型的目标一般对物质层面的重视越低，也往往会越复杂。但这个排列不隐含着任何华礼型之间的比较，特别没有越往右越优秀的含义。当然，我们也可以将这些华礼型按照一定的标准（例如，它们是否有利于建立更强的向往活力征象）进行排名（但不一定是现在从左到右的次序），但这不是本书的重点，我想留给有兴趣的读者自己作出评估。每个单元格中列出了特定华礼型的主要亚型，但这并不意味着它涵盖了所有的亚型。在这个部分，每一种华礼型都会有一章对其进行简洁的总结、分析和预测。

华礼个人组成形式有六种不同类型，分别是：物质者（追求物质享受）、漫游者（听任命运）、还债者（勤勉还债）、攀登者（追求社会高度重视的事物）、牧羊者（让社会更美好）与探寻者（寻求对未知的答案）。

华礼家庭组成形式（根据华礼家庭的典型结构，包括一对夫妇，他们的孩子和他们自己的核心家庭）有五种不同类型，分别是：互助家庭（家庭成员互相帮助）、听话家庭（满足别人期望）、传承家庭（传宗接代）、体验家庭（体验生活的另一种经历）与改革家庭（反对家庭的传统规范）。

非血缘关系（熟人关系）是华礼文化的一个重要方面。华礼人常说"多一个朋友多一条路"。熟人关系比较复杂，一个人可以有很多熟人，与不同熟人的关系可能是不同的性质，熟人之间的关系可以是两人（2人），或三人（3人），或圈子（4人以上），不同的人在圈子里（甚至有时在两人、三人的熟人实体里）可能有不同的角色，甚至是不平等的地位。这些我会在下面的有关章节中讨论。华礼熟人群组成形式的六种不同的类型是：无心熟人（没有费心去考虑过的）、介绍熟人（帮助人们在需要时找到正确的人）、填空熟人（一起化时间做共同事情）、交易熟人（互相帮助）、同盟熟人（近似血缘家庭成员的）、知己熟人（在思想上有共鸣）。

华礼公司组成形式的六种不同类型是：维持企业（提供生存方式）、积聚企业（希望创造尽可能多的财富）、面子企业（希望获得尊重和社会地位）、运动企业（争做第一，喜欢尝试新的挑战）、艺术企业（创造美好的东西）和解题企业（希望解决对他们重要的问题）。

我特别要强调的是一个实体可能会有多种范例的部分特征（比如目的），因此有些读者会觉得自己属于两种甚至更多的华礼型（范例）。细分是现实世界的简化，它将每一个实体都归类为一种华礼型，确实有可能一个实体是两种不同华礼型的组合，但这应该是少数例外。一种更可能的原因是一个实体没有真正理解自己存在的最重要的目的是什么（其实这也是为什么要做华礼文化再设计的一个原因）。一个实体解决这个困惑的有效方法就是问自己的成员，如果他们只能选择满足一个目的，这个目的是什么。我不建议一个实体有多个并列的最高目的，这听起来很好听，但不现实，也是导致成员间及每个成员心里不同需求冲突的一大原因。

表 5　基于目标细分的华礼型范例集

		个型（亚型）				
		漫游者	还债者	攀登者	牧羊者	探寻者
I 个人	物质者 ・生存 ・享乐 ・财务自由	・模仿 ・听命	・外债 ・父母债 ・子女债	・官员 ・财富 ・权威	邓理论者 ・新左派 ・新儒家 ・民粹	・精神 ・科学逻辑
F 家庭	互助家庭 ・夫妻互助 ・父母子女互助 ・多子多福 ・另一半	听话家庭 ・社会期望 ・父母期望	传承家庭 ・愚公移山 ・传宗接代	体验家庭 ・友情 ・爱情 ・新奇	改革家庭 ・成员灵活 ・时间灵活	
A 熟人	无心熟人 ・点头之交 ・社会角色 ・对方决定 ・随心	介绍熟人 ・职业圈 ・生活圈	填空熟人 ・物质 ・八卦 ・情感	交易熟人 ・帕累托优化 ・有借托还	同盟熟人 ・结拜 ・家族 ・政经	知己熟人 ・文友 ・交心 ・顾问
C 企业	维持企业 ・物质需要 ・交往需要 ・常态需要 ・独立需要	积聚企业 ・私有 ・上市	面子企业 ・尊严 ・尊敬 ・优越	运动企业 ・高远快 ・探险 ・自我确证	艺术企业 ・自我 ・顾客	解题企业 ・直接 ・间接

第十九章
物质者

物质者代表着以物质需求为导向的一类人群，这一类人有三种主要的亚型。第一种亚型的人是为了生存，主要包括那些为满足基本的生存需求而活的人（必须为养活自己而奋斗，整个生活都是为了如何确保在短期及长期活下来）；第二种亚型的人以享乐为主，目的是在人生中得到最大的享乐（即所谓的"人生在世，吃喝玩乐"）；第三种亚型的人着重于实现财务自由，但他们对实现财务自由后要做什么并不清楚。这些亚型的人有不同的驱动原因，但他们都着重于改进个人的物质状态。

"基目规经"框架

这类人有很多种不同的基石，但通常没有强有力、系统性的信仰，比如有组织的宗教。他们当中的一些人甚至没有明确考虑过有关基石的问题。对于生存亚型来说，他们也许有信仰，但是这种信仰受到了贫乏的物质条件的制约。生存亚型和享乐亚型认为终身目标与阶段目标是相同的。财务自由亚型一般将财务自由视为一个阶段目标，但实际上通常没有具体的时间节点或者目标数额。在实现自我定义的财务自由之后，他们自己也通常不清楚要做什么。如果他们对于在实现财务自由后想要做的事情想得很清楚，但不会在实现这种自我定义的财务自由之前去做，就仍然是物质者。基于这种对物质满足的追求，这种华礼型并没有很多规则。享乐亚型的经历非常重要也多种多样，因为这是他们满足需求的途径。这种华礼型的人具有一定的向往活力征象，因为他们的目标对有些人来说很有吸引力，非常清楚，而且是真实可行的。

实践者类型

生存亚型通常处于较低的收入水平，他们对自己未来的经济状态没有足够的信心，特别担心如果以后不能工作的情况。享乐亚型可以出现在各种社会经济水平中，今朝有酒今朝醉反映的就是这类人群。财务自由亚型往往拥有中等的社会经济水平，特别在一些年轻人中相当流行。

这种华礼型人群通常起源于基本的生物需求，如生存、感官刺激和安全感。可以想像，对于一个自己生存都不能保障的华礼人来说，他一般都会是生存亚型。对于那些生存可以保障的人，成为物质者的原因可能来于先天的遗传（参见我在《泡泡理论》中的讨论），或生活中某些事情让物质对他们的重要性加大了很多。

第一个加大因素是他们早期的生活经验，一个人长大的环境对他们是否成为物质者有重大影响。如果他们年轻的时候生活比较贫困，他们往往会养成时刻要节省钱，为情况不好的时候做好准备的习惯。如果他们有过感觉不安全的深刻印象（不一定是财务状况），也可能会尝试通过追求物质财富来提高安全感，来保证自己的未来。第二个加大因素是一个华礼人生活中重要的人物，如家长、家庭（长期）尊敬的长者、偶像等。如果这些人是物质者，那么这个华礼人也很可能会成为类似的物质者。当然，这也有可能来源于学校的教育理念（及一起长大的同学氛围）。第三个加大因素是社会环境。许多人容易受到社会影响，当他/她身边的人都是物质者时，他们可能会随波逐流。许多人看电影和电视剧时，会把文艺节目里虚构的情节当作自己生活的榜样，包括对物质的追求。这些因素可能刺激并形成了享乐亚型或财务自由亚型。

主要问题和补救措施

生存亚型和享乐亚型的主要问题是他们的生活基本上是

不断重复本质相同或相似的阶段目标。财务自由亚型的主要问题是缺乏终身目标，或者自称财务自由只是阶段目标，自己还有别的终身目标，但实际上就是为了财务自由活着。生存亚型和享乐亚型对自己追求的目的没有疑问，但财务自由亚型的人群应该想清楚自己到底要什么，毕竟人的一生有限，而且有些自我定义的财务自由也不是每个人都可以肯定做到的。

前景

生存亚型会因物质需求普遍满足而减少，特别是随着社会福利继续完善，对弱势群体的保障，和医疗健康的全民化。我认为财务自由亚型是一个过渡性的亚型，它的存在是因为人们没有仔细思考过他们的真实需要，同时也出于物资生活的不安全感。这些原因随着时间和经济及社会的发展，都会逐渐淡化。享乐亚型是一个相对比较稳定的亚型，因为它发自一个人的根本（生物性）需求，不论社会发展到什么程度，都不会完全消失。不过，这种亚型的具体内容可能会随着时间的推移而变化，比如追求哪种具体的感官满足。

第二十章

漫游者

　　漫游者倾向于让外部世界来主导他/她的生活。第一个亚型是模仿亚型,他们的生活基本是仿效别人的生活(模仿并不意味着他们的生活没有乐趣,只意味着他们不会自己去想太多,而是倾向于复制其他人做的看上去不错的事情)。第二个亚型是听命亚型,他们相信一个人是无法控制自己命运的,所以应该随缘,该发生的就该发生,不该发生的也不会发生,不去想太多的原因和未来。

"基目规经"框架

　　这两个亚型的基石有所不同,但有相似的目标:他们不会做特殊的努力去思考自己的生活目的,而是让外部环境决定他们生活应该做什么。属于模仿亚型的人通常不具有强烈的宗教信仰，而属于听命亚型的人往往有强烈宗教信仰，因为他们生活的目的已经在他们信仰的宗教中被规定。后者认为他们的生活目标就是简单地遵循这些教义，但这并不意味着所有有宗教信仰的人都是听命亚型。这种华礼型（范例）有比较全面及严格执行的规则，因为他们需要遵循的是外界（其他人或宗教信仰）早已确立并执行的规则。当然，不同实体的具体规则可能会有所不同，对这类华礼人来说，自己不会去特意追求某种经历，经历是外部世界自然给的。总的来说，这种华礼型在活力征象上不一定最出色，但它易于遵循。有些听命亚型的信念系统具有很好的华礼征象，比如归属。

实践者类型

漫游者来源于两种人：那些认真思考自己的生活，并认为成为漫游者是最好的选择的人，以及那些从来没有深入思考要做什么的人。促成一个人采用这个华礼型的因素包括遗传因子、必要性、早期生活经验、重要人物的影响和当前的社会环境。

从进化的角度来看，一个物种受益于两种人：第一种是喜欢质疑和打破惯例的个人（即有这种倾向的基因）；第二种是不会对自己在生活中的角色提出质疑，愿意适应社会的人（即有这种倾向的基因）。对一个物种来说，理想的比例是第一种人是少数，第二种是多数。漫游者许多都属于第二类。必要性也驱使多数人成为漫游者。与物质者的需求不同，这里指对思想（基石）的需求。有组织的宗教对一个人的基石有着严格完整的定义和解释，并且要求信仰者都应该遵守这样的教义。对很多人来说，这是一件非常好的事情，因为他们自己不必再去思考了。生活中的重要人物和早期的生活经验通常也会导致一个人变成漫游者，特别是听命亚型。而目前的社会环境，特别是一个人周围的社会环境，通常会促成模仿亚型。还有一种漫游者比较特殊，那就是那些努力寻求生活的真正意义，但最终没有找到满意的答案的人。如果这些人决定放弃自己思考，他们往往会成为漫游者。

主要问题和补救措施

模仿亚型的主要挑战是，他们可能有许多事情可以从其他华礼人那里复制来，但这些模仿来的事情可能互相不一致。另外如果外部影响不存在了，模仿亚型就没有动力再去坚持自己。因此，模仿亚型必须在复制什么和复制谁当中有所选择。如果听命亚型是被有组织、全面的信仰系统所驱动，通常没有太大的问题。

前景

　　这两个亚型目前在华礼社会里都很稳定并且有很多的人实践它们。不过模仿亚型的人数会在未来逐渐下降。

第二十一章
还债者

还债者认为他们生活的目的是尽可能的满足别人对自己的期望。因为他们认为这是他们必须做的，所以和通常意义上的还债没有区别。但这些债可以有很大的差别，反映在不同的亚型上。第一个亚型是外债亚型，这些华礼人的债是社会（周围的人）对他/她的期望。第二个亚型是父母债亚型，这些华礼人的债是父母对自己的期望（比如完成父母已经开始或想要做的，但没能完成的事情）。第三个亚型是子女债亚型，这些华礼人的债是让自己的孩子最美好的生活。

"基目规经"框架

这些亚型的基石通常是源于民间信仰体系和儒家思想。

他们的生命目标是偿还债务，不管这些债务是否由于他们自己的行为造成。他们的生活通常是一项义务紧接着另一项义务。这个华礼型是为别人而生活的，这一点从他们的规则和经历就可以看出来，因为他们经常忽视自己的个人愿望和个人利益。一个鼎鼎有名的例子就是《三字经》的"昔孟母，择邻处"，现在已经成为一个著名的成语：孟母三迁。它描述了孟子的母亲三次搬家，唯一的目的是为她的儿子找到更好的学习环境。孟母是子女债亚型的代表。

实践者类型

还债者存在于所有的社会经济层面，这种华礼型可以有很高的归属活力征象，甚至还有向往活力征象。因此对于部分华礼人来说很有吸引力。还债者是华礼人社会的一种独特现象，很多其他文化中并没有类似的人群。这个人群（华礼型）里不包括那些做同样的事情，但没有把这些事情当作他们生命的主要目标的人。

成为还债者的原因更多是来自于早期的生活经验、重要人物的影响和当前的社会环境。必要性（需求）和遗传因素对华礼人采用这一华礼型没有太大的影响。

推动这种华礼型的最主要原因是许多华礼人从小被教育：一个人应该为满足别人的期望而活，有些人长大后不仅接受甚至认同了这种想法；还有许多人虽然不情愿但也接受了它。华礼人努力达到他人对自己的期望,也是为了赢得面子,面子对华礼人的生活来说是至关紧要的。所以人们要还债给他们的村庄、他们的城市、他们的国家、他们这一代、他们的学校、他们的家庭,否则的话他们就没有面子。他们生活的目的是要让别人为他/她感到自豪。有时这种债是以看上去非常自然的方式表达的,特别是社会的期望,让很多人真心认为这是他自己选择的。很多华礼人常说的目标"衣食无忧、受人尊敬、工作稳定、儿女双全、培养子女成功"就是一个这样的例子。

父母对他们子女是否采用这种华礼型有特别大的影响。他们的影响有两种形式。一种是父母在子女成长过程中,包括整个童年和青春期,会明确而且重复告诉孩子,他们的职责是实现父母未能实现的目标。久而久之,大多数人就把这种思想变成了自己的思想和愿望。著名的愚公移山故事就是一个很好的例子,故事的主人公认为他的孩子及其子孙辈们都应该理所当然的完成他开始但没有完成的事业。另一种是父母通过自己的行为,有意或无意的让子女感到内疚,感到不能不还债。例如,父母在子女长大的过程中会把他们所有的东西(甚至是生命)给子女。这样的行为让子女很难不以同样的方法来生活,比如,如果我的父母为我而活着,那我也应该为我的孩子这样做。

社会环境也对此有重大影响。比如在中国,现在的年轻人专注于勤奋读书,争取进入最好的大学,他们在上大学之前不会去想太多的有关生活的事情。他们进入大学（或类似的年龄段）后，往往会因周围的人影响来决定他们的生活，很多人因此选择了做还债者。

主要问题和补救措施

这一华礼型的主要挑战在于他们的目标是被加到身上的，而不是通过自己的思考而得到的。因此，在以后的生活中他们的债务（他们必须要做的）和梦想（他们热爱做的）之间可能会发生巨大的冲突。关键在于如何将自己的债务和真正要做的事情达成一致，否则他们就会生活在不断的沮丧和纠结之中。

前景

父母债亚型和子女债亚型在华礼人文化中的比例会越来越少。对父母或孩子的义务继续存在，但它们不会成为人生中最重要的目标。但外债亚型会继续存在，甚至在未来还会有更多的华礼人采用这种文化型。

第二十二章
攀登者

攀登者的生活目标是在某一方面有所建树,在一些社会公认的指标上做的尤其好。第一种亚型是官员亚型,指那些在有生之年希望成为高级政府官员的人(受传统的封建制度、官员的权利和他人对官员的尊重所驱使,即传统的"一人之上,万人之下"思想)。第二种亚型是财富亚型,指那些想要积累尽可能多的财富的人(由财富在社会上的地位所驱动)。第三种是权威亚型,是那些寻求成为一个伟大的智者(如历史上的圣人),或(成为)某一方面(学科)的权威(如院士)等等,这往往是受社会对权威的崇拜所驱动,也部分源自社会对知识的尊重。

"基目规经"框架

不同亚型背后的基石可能不一样，官员亚型和权威亚型的背后往往是儒家思想和传统的生活理念，也有些权威亚型的基石来自于科学。但财富亚型一般没有，也不需要强大的基石。攀登者通常是非常理性和逻辑性的，他们遵循能够使他们实现目标的规则，不会去做其他无益于实现目标的规则。经历对这种华礼型不是特别重要，除非他们是为了实现其特定的目标。由于他们有强烈的追求，而且这些追求直接或间接的都会对社会有益，所以这个华礼型具有促使社会进步的能力，也对各种活力征象有很大的贡献。

实践者类型

这些亚型中的人们很容易被识别，因为他们会严格地走相应的从政、经商或学术的道路。当然，并不一定所有在政府、企业、或学术界的人都是攀登者。攀登者对待工作严肃，在攀登的过程中甚至可能是无情的。他们通常将上升通道看作零和博弈，他们的目标是通过不断超越其他人来达到顶峰。

一个人成为攀登者的原因主要是文化的影响，包括早期的生活经历、经验教训、当前的社会环境。几千年来华礼人的目标就是"修身齐家治国平天下"，现在也或多或少的在很多华礼人身上体现出来。另一个受到社会推崇并与此相关的目标叫"流芳百世"。这些都对这种华礼型的实践者有重大的影响。这一华礼型也受到过去两千年传统的科举制度的影响。在这个制度下，一个人科举考试的成绩决定了他是否上榜和排名，更重要的是，决定了他们在政府中会得到什么职位。一旦进入政府，他们的生活就需要在晋升的梯子上不断往上爬。与当时的欧洲体系不同，科举制度是一个公正的、不歧视的制度，与一个人的家庭背景和经济状况无关。一个在科举考试中表现出色的贫困学生可以成为管理一个县、一个州的父母官，或成为中央政府的高级官员。这个体系对华礼文化有深刻持久的影响。在当代中国大陆，统一的大学入学考试是科举制度的一个衍生品，同样的，它没有任何歧视，考试分数是决定一个人是否进入大学及进入哪个大学的唯一数据。这些考试制度把一些华礼人训练成觉得只要按部就班，只要沿着既定的道路往前走，比别人走得更快更远，人生就是成功的。社会影响无疑也起了重要的作用，即我们常讲的面子。但这里的面子与还债者中的面子不同。还债者是去努力满足别人对自己的期待，并且偿付自己对他人与社会的债，它属于《中国蹊》（第二章）讨论的面子的前两层，即尊严和尊重。而推动攀登者的是面子的第三层：优越。内在的遗传因子也对一个华礼人是非成为攀登者有很大的影响。比同龄人更好，社会地位更高，资源更多的人具有更大的物种进化优势，因为他们选择配偶，生育子女，并把子女成功的养大的可能性要大（及成功的把基因扩大传播到未来）。

主要问题和补救措施

攀登者应该避免的一件事是后悔。这些目标往往是人们因外部影响而产生的，或者是因为在年轻时被灌输的，而不是自己认真仔细思考的结果。因此，很可能在生命的某个时刻，被一个关键事件触发或者有了时间深入地反思后，他们可能突然意识到这不是他们真正想要的生活。这时的后悔可能就难以弥补了。所以对于任何一个攀登者，或是渴望成为攀登者的人来说，必须花时间去深入自己的内心，尽快反思这个问题，想清楚这是不是他们自己真正想要的目标。

对一个真正想要追求这个目标的人来说，一个很大的挑战是必须找到人生目标与生活中其他事物的平衡。攀登者要为实现目标做出巨大的奉献，往往以牺牲生命中其他重要的事物为代价，如感情、家庭、健康。他必须认真地考虑并争取达到一定程度的平衡。牺牲是这种追求的一部分，但攀登者应该将这种牺牲和他生命中重要的人，如家庭成员和朋友，预先进行沟通，这样才能尽可能地避免误会和摩擦。

这种华礼型可能发生的最危险的事情，就是在追求目标的路上对伦理和道德的妥协。攀登者的三个亚型追求不同的目标，但共同的是他们追求目标的强烈程度，以及他们因为追求这些目标而得到权利。这可以是好事，但也可能是坏事，因为这种组合可能导致个人为达到目标而在其他方面，甚至道德上，妥协。如果不能抵制这样的诱惑，那么一个用了一辈子来攀登他的目标的人可能会前功尽弃，甚至身败名裂。清朝乾隆时期大贪官和珅对财富的追求让他通过贪污贿赂，累积了几乎可以和一个国家相当的财富。但实际上和珅也知道他和家人永远无法用光这笔财富，甚至保留不了这种财富，但他还是停止不了自己对财富的追求。

前景

这个华礼型在短期内会保持稳定。总的来说，我觉得攀登者的总的百分比会下降，特别是那些想成为政府官员（官员亚型）的华礼人会减少。虽然这一华礼型在未来不太可能成为华礼文化的主流，但他们的一些文化元素，比如说为社会服务（官员亚型的一个重要元素）和对知识的追求（权威亚型的一个重要元素），将很可能成为华礼文化收敛后的要素。

第二十三章

牧羊者

牧羊者的生活目标是希望社会变得更好，这往往是由他们所相信的意识形态（有组织的或个人的）驱动的。这一华礼型有许多不同的亚型，每一个主要是由它相应的基石所决定。这类人包括邓理论者亚型；新左派亚型；新儒家亚型（遵循新儒家思想的人）；民粹亚型（遵循大众要求的人）；等等。民粹亚型在当今的世界舞台上相当受欢迎，比如2016年唐纳德·特朗普当选为美国总统。这章里列举的亚型是当前华礼社会中的一些主要亚型，但这不是一个完整的清单。

"基目规经"框架

因为每个亚型都非常接近他们独特的基石，不同亚型的基石往往是非常明显的。不管是哪种基石，如果一个人献身成为牧羊者，那么他的基石通常具有强烈的为他人服务的文化元素。虽然不同亚型最终目的是类似的（改善社会），但是不同的亚型对该问题有不同的解决方案，所以他们往往有不同的具体目标。由于他们对社会应该如何运作有着强烈的观点，往往在许多事情上都有严格的规则。同时由于他们解决方案的不同，不同亚型的规则会相差很大，甚至可能完全相反。牧羊者的经历根据他们的亚型有显著的区别，而且经常是由他们的基石决定的。牧羊者的目标是为了社会更好，所以这个华礼型的每个亚型都有很强的向心力。

实践者类型

鉴于他们渴望改善社会的愿望，这类人常常成为政府和学术界的成员，通常也很有声望。毫无疑问，遗传对于一个人是否采用这种华礼型有主要影响。正如我在《泡泡理论》中所讨论的：一个人深层里有代表整个物族的需求。一些人会认为自己是物种或社会的守护者，并会用自己的生命为此服务。当然，不同牧羊者亚型对于什么是更好的社会的理解有着不同的定义。

早期和现在的生活环境都可能会强化一个人去改善社会的内部需求。如果一个人长大或生活在一个存在许多不公正的社会中，可能会因此而产生去改变社会的想法，最终演变成他的人生目标。我们看到很多人因为这点在成年后投入了慈善事业。他们希望改善社会的内部需求很多时候是受他们生活中重要的人（如他们的父母或老师）的影响。在有些情况下，也可能是受到他们生活中从来没有遇到过的人的影响，例如崇拜的人，包括历史人物或者当今社会上的人。有时一个人采用这种华礼型是因为和他类似的人都是这种华礼型，他觉得自己应该做和自己差不多的人做的事情。还有的时候是一个华礼人为成为一个组织的一员而不得不做，因为这个组织要求它的成员都是牧羊者。

主要问题和补救措施

牧羊者华礼型的主要问题不是和别的华礼型间的竞争，也不是外部的环境，甚至不是一个亚型内部的缺陷，而是亚型之间的冲突。牧羊者的目标值得称赞，因为他们愿意帮助他人和整个社会。但不同的亚型在如何推动社会进步的观点及方法上相差很大，甚至是相互冲突。这种冲突有可能导致一个亚型在某一特定点上成为主导亚型，并迫使别的亚型不情愿地被成为非主导亚型。

这种华礼型成功的关键是为所有的亚型提供了一个公正的机会。亚型间的比较应该通过客观数据和良好的逻辑，以华礼文化的特性为基础，而不能照搬别的文化成功的经验，或简单地追随历史（即使过去是成功的），或让情感左右。

大家也需要接受有不同观点（亚型）的人，并欢迎他们对自己的观点做出建设性的评论，甚至成为合作伙伴。这种宽广的心态才能确保社会真正和持久的进步，这才是所有亚型的共同目标。

前景

牧羊者是最具活力的华礼型之一，它的亚型在未来也会不断演变进化。现在的一些亚型是临时的解决方案，试验性的做法，随着社会变化和从实践中得到的反馈，他们会演变的更加系统。有些亚型更多的是基于过去和现在，而不是强调未来。它们是过渡性亚型，将来也会逐渐完善和成熟。

我觉得未来这一华礼型下的各个亚型会变得更多。这些不同的亚型可以在两个维度上区分开来。第一个维度是群体与个人的相对重要性。换句话说，看一个亚型是否以牺牲（或疏忽）个人利益为代价而去发展更好的社会，还是以确保个人的利益和尊严为首要目标。第二个维度是大众的意见对亚型的影响，换句话来说，是服务于群众还是领导群众。完全服务于群众的亚型的目标是听取大多数人的意愿，并照此设计及执行改进社会的方法，它没有自己强烈的基石。另一方面，领导群众的亚型会遵从自己认为是最好的改进社会的方法，即便当时大多数人都不喜欢。各种亚型都会在这两个维度上有所差异。

第二十四章
探寻者

探寻者寻求对未知的答案,包括宇宙和生命的意义(基石),并将这个追求视为他们的人生目标。主要亚型有:精神亚型(主要通过内在的反省来寻求答案)和科学逻辑亚型(通过科学及逻辑寻求答案)。

"基目规经"框架

这些亚型有着类似的目标,但不同的亚型有着差异很大的基石。精神亚型的华礼人内部在基石方面也各有不同,但他们都认为自己是能够回答宇宙与生命的意义的。科学逻辑亚型的华礼人都基本有一样的基石,都遵循有关宇宙和人类的公认科学观点。探寻者亚型的目标从本质上来说没有太大的区别，但出发点和具体方法有很大差异。精神亚型想要解惑，依靠的是内省和觉悟，有时也会融合与现实有冲突的"逻辑"和自我建立的信念。科学逻辑亚型想要解惑，更愿意让事实和逻辑带他们走向最终的真理，并在求证的过程中只认可科学证据和理论。探寻者都将经历作为追求他们目标的重要部分，但是因为他们各自所采取的方法大不相同，这两个亚型在经历方面差异也很大。探寻者是一个有很强的向往性活力征象的文化型，都有着很大的品牌影响力。

实践者类型

人类一直在努力解答的关于基石（人类，宇宙，自我）的问题直接或间接地决定了探寻者的人生。这个华礼型的目标和基石有最紧密的关系。几乎在所有人的一生中，大家都思考过这些问题，这是我们人类进化后的本性。这些思考会带来三种可能的结果。第一种结果是得不到满意的回答，决定放弃，成为漫游者；第二种结果是接受现有的解释，信仰有组织的宗教（其中许多人会成为牧羊者，但也可能是别的华礼型）；第三种结果是他们成为探寻者，这些人不但没有放弃去追求那些似乎无法回答的问题的答案，而且把自己的一生就定义为追求这个目标。

第三种结果导致一个人要么成为精神亚型或科学逻辑亚

型。精神亚型的人通常相信超自然，以及超越我们常规世界的事物。很多人受传统道教的影响，试图通过内省来回答问题，找到一直追求的事物。这种追求往往以永生为目的。科学逻辑亚型的人虽然不一定认为自己有能力找到一个满意的回答，但他们定义自己的生活目的是对科学和终极答案的寻求，贡献和喝彩。他们往往（虽然并不一定需要）了解各种科学学科及最新的进展。

主要问题和补救措施

探寻者有两个潜在的挑战。第一个挑战是如何保持平衡。因为他们追求生命的终极意义并将其视为人生目标，有可能会忽视日常的生活事物。这也可能会与其他不是探寻者的人发生冲突，特别是他们生活中亲近的人。第二个挑战是如何保持兼容。探寻者对终极意义与问题的独特解答方法可能造成人们之间的不信任和其他负面问题，特别是对于其他拥有不同观点的人。解决这两个挑战的关键是要从别人的角度看这些事情，而不要去强求别人同意或转化成和自己一样的探寻者。

前景

由于探寻者的追求和华礼人的日常生活离得较远，我觉得探寻者在很长一段时间里都可能只是整个华礼文化中的一小部分，但科学逻辑亚型的相对（和绝对）数量将会增加。虽然科学逻辑亚型本身不太会成为华礼人文化收敛后的形式，但它的一些文化要素会被吸收到一个收敛后的华礼人文化里。

第二十五章
互助家庭

互助家庭是为了互相照顾和帮助而存在的一个家庭华礼型。这种互助可以是物质上的，也可以是心理上的。互助家庭是为了更加优越的生活，而不一定是简单的生存。互助家庭一般通过互补、协同作用，甚至简单的集体效应（人多势众），来达到它的目标。在这一华礼型下有四个主要亚型。第一个亚型是夫妻互助。他们通过建立家庭来和另一个人达成一种互相依赖互相帮助的关系，有时他们还有互补的能力和特长。第二个亚型是父母子女互助。他们通过建立家庭并生育子女，来达到和子女互相帮助的目的。他们会抚养小孩长大，当他们老了的时候，他们的孩子会反过来照顾他们，实现老有所依的人生愿景。第三个亚型是多子多福。他们是通过建立家庭来生育很多孩子（尤其是男孩子），通过数量去增加自身家族的势力。第四个亚型是另一半。他们建立家庭是因为他们需要"另一半的自己"来使得自己的生命变得完整。

"基目规经"框架

这一华礼型一般没有特别的基石。一般而言，这种华礼型家庭的存在目的就是让自己从物质上和情感上，都可以在这个充满挑战性的世界生存得更好。不同亚型的区别主要在于他们希望通过什么样的家庭形式去完成这类目标，及对需要帮助的各个方面的重视程度。

另一半亚型是精神层面的，是受一个人心理状态上的不完整感而驱使的。这一点不同于其他主要以增长物质能力为目标的亚型。另一半亚型所追求的心理状态上的满足感和完整感，也同样区别于人们认为的其他在日常生活中必不可少的情感（如友情、爱情等），因为这个亚型的人真正觉得如果找不到另一半的话，他们的生命将是不完整的。

互助家庭华礼型在华礼人文化中有着很久远的历史传统，在过去，每一个亚型都有着严格的规则，特别是涉及每个家庭的权利结构的时候。在当代社会中，这种规则已从严格的、强制性的要求逐渐变成可替代的对象，甚至被彻底取消了。经历也被最小化并通常是可以被替代和可选择的了。

这种华礼型缺乏前瞻的活力征象，也很少会有向往的活力征象。另一半亚型听起来让人向往，但这不是一个容易实现的目标，并且往往带来的是失望多于满意。互助家庭华礼型通常不具有强烈的影响力，但可以有一定的向心力（如果一个实体做的很好）。

实践者类型

这种华礼型的采用者主要是出于一种需求，必需包括物质上的和心理上的。因此，这类华礼型的人在不同的社会或经济地位的人群内都是普遍存在的。很多华礼人在日常生活中都会受到"找到自己的另一半"这个想法的影响，而这种想法隐含的意思是一个人必须要依靠"另一半"去达到精神上的完整。这是另一半亚型存在的主要原因。

当然，互助的概念也根生蒂固的在我们的生物性里。人的繁衍需要一个男性一个女性，至少到目前为此，每个人都需要另一个人来达到这个目的。所以从进化角度来说，找到另一个人来互相帮助是一个与生俱来的特性。同时，喜欢相互帮助的人在社会上会更容易成功，是一种进化的优势。

此外，人们早期的生活、从家庭和其他来源获得的经验教训，也是影响他们选择去建立互助家庭的重要原因。比如，很多人耳闻目睹社会上（他们周围）的家庭（包括自己从小长大的家庭），觉得家庭就该是这样的，也没有去多想。互助家庭是一种传统并且受社会认可的家庭华礼型，所以也有不少华礼人就因为这是一种社会规范而采用它了。

另外，一个以利益交换为常态的社会也会鼓励这种家庭的建立。比如，很多人觉得青春美丽可以通过以组建家庭的形式和财富地位互补。这是夫妇之间另一种互相帮助的形式，一方有助于提高后代的基因（比如长相），而另一方则可以提高培养下一代的条件。

在任何一个包含多人的华礼组成形式里，它都会受到每个人个人的基目规经框架的或多或少的影响。在互助家庭里，不少人的个人华礼型都是物质者，因为互助家庭可以帮助到他们生活中的个人目标。一些漫游者和还债者也可能采取互助家庭类型。剩余的三种个人华礼型本身即没有很强的理由去采取这一家庭华礼型，也没有很强的理由不去采用。

主要问题和补救措施

这一华礼型的最关键的挑战是他们所设立的目标不一定实现的了，特别是当需要被帮助的时间是在比较远的未来。首先，其他家庭成员会变化。有时是配偶一方有变化，有时是子女不愿意接受父母对互助的期望。比如说，有些父母养小孩是为了自己退休之后会有人照顾他们，但是很多子女长大后却会拒绝接受抚养退休父母这个想法。其次，互助家庭目标的实现取决于社会大环境和家庭小环境都不会改变的前提下。然而，由于从结婚到需要被帮助可能有很长的时间差，即便大家都有实现目标这一良好的意愿，很多事情也可能会发生巨大的变化而导致原来的目标无法实现。最后，社会规范很有可能随着时间的流逝而改变，甚至演变成为原来的社会规范的对立面，举例来说，用婚姻和孩子来作为互助的"工具"（比如父母子女互助亚型）这种想法已经在现代社会的一些人群里令人难以接受了。另一半亚型是建立在一个人必须要寻找到自己的另一半才能算精神完满的信念上，但是这个信念正在被社会渐渐淘汰。

如果一个人采用互助家庭，投入自己的人生，最后发现得不到自己需要的帮助，这种失望是无法弥补的。对于这样的挑战没有一个简单的解决方案，而且这种互助是不能被强制性规定的，它们游离于法律甚至道德之外。我的建议是，那些采取了互助家庭华礼型的人要做两件事。首先要不断跟所有的家庭成员强化建立这个家庭的目的，而且要让成员们真正的相信、支持并执行。举例来说，如果孩子是被期待为父母的退休保障的话，父母需要有一个如何教育孩子接受执行这个理念的清晰的构思和计划，使得孩子不仅能够理解他的责任，同样也把这种责任当成一种公平的甚至是荣耀的事物来接受。其次是提前做好第二手准备，不然到时候哭也来不及了。

前景

夫妻互助亚型和父母子女互助亚型主要是出于在生活中

获得互补的帮助的需要。随着社会经济的进步和社会安全保障体系的完善,特别是对社会弱势群体的保障,华礼人对这两种亚型的需求将逐渐消失。多子多福亚型也会迅速减少,除了前面同一个原因外,主要是由于传统家庭和家族结构的逐渐瓦解。另一半亚型会减少,但在近期里会继续存在。

第二十六章
听话家庭

听话家庭是因为期望而组成的。这一华礼型下有两个主要的亚型，社会期望亚型是因为社会的期望和要面子的原因（例如身边的同龄的朋友大部分都结婚了）而去组建家庭；父母期望亚型源自父母所给的压力（在华礼人价值系统里面，不结婚生子被视为大不敬，有时候会比不孝顺父母更为严重）才去组建家庭。

"基目规经"框架

这一华礼型的人通常有很强的基石。他们的基石可能有很大的区别，但一点共性是它们都认为一个人生存的意义在于社会和父母对自己的期望。这不仅仅涉及结婚与否或者什么时候应该结婚、也涵盖了应该和谁结婚并孕育后代、应该生育多少个孩子、与配偶之间的关系该如何处理，以及应该如何教育孩子等问题。虽然有些人心中可能会对婚姻应该是什么华礼型有别的看法，但是社会和父母给予他们的期望压过了他们内心的想法。

无论是哪一种亚型，他们都不必花很多时间精力去建立自己的家庭规则，期望早就设定好了规则，他们的任务就是遵守。听话家庭华礼型的经历也往往是按照期望，做别人做过的经历。

这一华礼型的人为期望所驱动，别人也都知道他们这样做是因为期望，所以这就像是一场早已安排好的舞台剧一样，不管他们内心里的真正想法是什么，每一个人都按照自己被安排好的角色演下去。现代社会中有很多这种华礼型的人，包括文化程度较高的人群。

这个华礼型的向心力不大，它们在别人的眼里的地位也因人而异。有些人会因为这个华礼型，牺牲自己个人思想来完成社会或父母的期望而对它钦佩，但另外一种人会因为同样的原因而看不起这个华礼型。

实践者类型

遵守社会规范并满足群体期望的个体（及他们的基因）在进化过程中有一定的优势，所以这类华礼人有基因因素的影响。除此之外，鼓励或者要求人们顺从父母和社会规范的信仰系统也推动了这一华礼型。儒家思想在人们还小的时候就把华礼人文化中的服从和家庭的重要性注入到他们的价值系统里。许多宗教也同样地看重去做社会和父母认为"正确的事情"，并且鼓励组建家庭和养育后代。

社会期望亚型通常是生活在十分看重融合个人（业余）生活和职业生活的环境中，而不是不谈自己个人生活，而是把个人生活作为隐私的环境。父母期望亚型存在于社会的各个方面，因为它和一个人在成长过程中受到的教育和影响有关。

主要问题和补救措施

从表面来看，这一华礼型没有任何主要的挑战，因为一切东西都已经被安排好了。但对某些听话家庭华礼型的实体来说，这是一个定时炸弹。如果一个人有很强的自我思想，但在现实中因为某些原因顺从了社会或父母的期望。然后在婚姻的某个时间他的个人思想占了上风，就会觉得这不是他要的家庭，而决定反叛。这种行为就会对每一个涉及的人（配偶、子女、父母和自己）带来灾难性的后果。

避免这种反叛的关键的一点是确保这一华礼型的人心甘情愿的去遵守这些期望，最起码不要对这个因为期望值而建立的家庭充满憎恨。这个工作不能等到危机已出现的时候再做,那就已经晚了。还有一种疏导的方法是允许甚至鼓励一个人去追求他生命中其他方面的利益和兴趣(例如爱好、职业、朋友),因此他不会认为他的整个生命都在为满足其他人的期望而服务。

前景

毫无疑问的是,这一华礼型在逐渐消失。这并不是因为人们将社会和父母的期望弃之不顾,而是他们不会就为这种期望而组成一个与之相符合的家庭。这些期望会成为影响一个人如何建立他自己的家庭的因素之一,但不是决定性的因素。换句话来说,这一华礼型的特征会成为别的华礼型的一个元素。我的预测是这个元素会在一个收敛的华礼型里存在。

第二十七章
传承家庭

传承家庭华礼型的主要目的就是养育后代，最好是培养出成功优秀的孩子。传承家庭有两个主要的亚型：愚公移山亚型和传宗接代亚型。愚公移山亚型通过养育后代的方式来实现他们自己未能实现的梦想。传宗接代亚型通过养育后代的方式来实现家族血脉、财富、名誉以及地位的传承。

"基目规经"框架

这一华礼型背后的基石常与华礼人文化中的传统观念系统相关联，其中最显著的就是儒家思想。这也受长期存在的封建社会的影响，在封建社会中，人丁兴旺、富裕繁荣且持久的氏族是荣耀的象征。这一华礼型下的家庭都是为了确保孩子有一个良好的成长环境、受到最优良的教育而建构并逐渐优化的。它们通常都有成熟的规则和经历，因为判定这一华礼型是否成功的标准不仅仅在于生育孩子，也包括培育出的孩子的能力。这两个亚型都具有着很强的对外影响力，传宗接代亚型也具有很强的对内向心力。

实践者类型

传宗接代亚型在已取得较大成功的人群中，特别是在商业领域内，比较普遍。他们会为孩子提供最好的条件，送孩子到最好的学校就读，并且期望孩子可以学成归来接管家族企业。在历史上，书香门第是最让人崇敬的一种家族，但这一传统在当今的环境里已经被削弱很多。愚公移山亚型会出现在社会各个经济层面，但在社会经济地位较低的人群里相对多一些。

通过养育更好的后代去实现自己的个人目标或者扩大已经获得的成就，很明显是有着很强大的进化动力。这种做法可以保障自己的基因传播到未来，而且增加家族取得更大成绩的可能性（而更大的成绩意味着他们的后代有更大的存活和繁衍的机会）。

此外，一百多年以前才在中国大陆消失的封建社会对这个华礼型有巨大的影响。封建制度的核心就是儒家思想，这种思想为这一类型提供了理论基础。几年前，中国政府通过了一项要求成年子女定期访问他们父母的法律,这项法律出台的初衷是为了缓解子女们搬到另一个城市生活后所产生的"空巢老人"这一社会问题。在一个广泛流传的视频里面,一位记者在 2013 年采访了一些老人对这项法律的看法,其中一位老人发表了一个到今天还很著名的看法:"不看望自己的老父母没关系,如果 30 岁了还不结婚,这才是违法!要判刑!"[①]

与和它相近的互助家庭华礼型相比,传承家庭华礼型具有更大的向往活力征象,并且至少从表面上看,也不是以自我利益为中心。

主要问题和补救措施

这一华礼型面对的挑战是:下一代的人会不会根据老一代为他们制订好的计划去做事,而这取决于其后代是否会全心全意地接受他所属的传承家庭实体背后的逻辑。一个人的后代是否会认同这种逻辑取决于两个关键因素:首先,家庭实体的具体目标以及这个目标是否和传承家庭的理念相吻合。比如说,如果父母的个人追求本身就是鼓舞人心的(例如世界和平),他们的孩子很有可能会继续这一追求(愚公移山亚型)。但如果整个家庭的目标是鼓舞人心的(例如保

---

① http://news.xinhuanet.com/fashion/2013-07/26/c_125066337.htm.

持自己的家庭为社会中最受尊敬和受人爱戴的家庭之一），而不是仅仅为了有后代，他们的孩子将更有可能只被这个目标所吸引（传宗接代亚型）。在这两个亚型中，人们要实现的目标将会影响这种亚型家庭的生存和成功。其次，老一辈是如何教育后代并使其认识到家庭具体目标的必要性和重要性，以及用传承家庭华礼型来实现这个目标的必要性。

前景

愚公移山亚型将会减少，但是传宗接代亚型可能会持续存在，这个华礼型的未来，包括它的每个实体的成功，在于是否可以取得一个家庭目标和（现代社会里更推崇的）个人目标之间的平衡。虽然这个华礼型有着悠久的华礼传统，但为了实现和维护家族的荣耀而生育下一代，是不太可能作为一种收敛性的元素存在于未来的华礼文化里的。

第二十八章
体验家庭

体验家庭华礼型将家庭作为人生经历来体验和享受。这其中的三大亚型是友情亚型（那些想体验亲密友谊的人）、爱情亚型（那些想体验爱情的人）和新奇亚型（那些想体验这种独特的人生经历的人）。新奇亚型常常因为身边的朋友或同年龄的人都已经结婚生子，感觉他们有了另一种生活，所以也决定结婚以体验相同的经历。和类似的受外界影响的家庭华礼型（比如听话家庭华礼型里的社会期望亚型）不一样的是，新奇亚型不是因为外界的压力而结婚的。

"基目规经"框架

这种华礼型的基石因人而异，有的人强烈地信仰家庭是体验爱的唯一地方，但有的人可以没有任何和家庭有关的基石。顾名思义，他们十分看重家庭这一经历，他们的目标就是通过这个经历来得到的。而不同的亚型会在家庭（婚姻）里追寻相应的经历。这个华礼型的规则通常反映其所属亚型的特点（例如，友情亚型认为不忠是绝对不能容忍的，但新奇亚型的实体可能对此没有严格的要求）。友情亚型和爱情亚型会有一种归属活力征象（也因此拥有品牌向心力），但新奇亚型没有。三种亚型都有一定的向往活力征象。这些亚型（特别是爱情亚型）对某些人群有较强的品牌影响力。

实践者类型

友情亚型的华礼人自己认为无法通过非婚姻方式获得满意的忠诚的关系。这种对于忠诚关系的需求会受一个人早期生活经历的影响，比如成长过程中感受到的孤独感、对安全感和归属感的渴望。爱情亚型是那些要么无法从家庭之外获得爱情（性关系），要么就是不认为在家庭之外应该有任何爱情（性关系）的人。这往往是受到个人的基石、社会观念及生活中重要的人物的影响。新奇亚型通常都是由好奇心驱动的，这是人的本能，受基因元素控制。

主要问题和补救措施

这一华礼型的主要挑战是——体验往往是短期的，而家庭是一个长期的承诺，用一种长期的承诺来满足一个短期的需求有可能导致这个华礼型实体的失败。比如说，新奇亚型为了新奇而进入婚姻，但这种对家庭的新奇会随着时间会不断降低。爱情亚型也会有同样的问题，配偶之间的激情在结婚后会逐渐消退，这是自然的。友情亚型相对来说好一些，但有些人对忠诚友情的渴望也会随时间而变化，比如一个人建立了很多非婚姻的忠诚友谊后，那原来为友情而组建的家庭的意义就不大了。所以，没有采取适当的措施，因为想有这种经历而建立的家庭会变得很不稳定。

为了避免失望，一个可行的方法就是对可能采用这个华礼型的人强调：家庭是一生的承诺，帮助一个人在承诺之前先把这个问题（在时间上的冲突）想清楚。这是一个有可能通过预先的教育及解释来部分消除的挑战。最应该避免的是一个有这种体验需求的人与一个不追求体验（或追求不同的体验）的人去组建家庭。和别的家庭华礼型的（个人需求的）不匹配相比，这里的不匹配是因为配偶在时间理念上的根本冲突（比如一个是追求长期的结果，一个是追求短期的体验），会迅速导致不稳定。

前景

这一华礼型的未来取决于社会对家庭的定义。在绝大部分情况下，现在的社会认为家庭是一个一生的承诺。但这个定义不一定在未来还是这样（见下一章的改革家庭华礼型）。如果社会认为组成家庭不是一个终身的承诺，那么以体验经历为主要目标的需求就会有变化，体验家庭这个华礼型的数量也会相应的改变。在这种情况下，爱情亚型和新奇亚型的数量会增加，但友情亚型的数量会大量减少，因为没有长久承诺的婚姻不会给追求忠诚友情的人带来他想要的结果。总的来说，如果华礼人觉得体验家庭这种经历不需要终身的承诺，更多的人可能会寻求体验家庭这个华礼型，并很可能在第一次婚姻后再去追求别的家庭华礼型。如果社会对家庭是一个终身承诺的观点没有变化，这个华礼型基本会保持现状，继续占整个华礼家庭里较小的比例。

第二十九章
改革家庭

改革家庭华礼型和体验家庭华礼型在某种程度上是很相似的，但是不同的是，改革家庭华礼型认为传统的家庭是他们生活中可选可不选的部分，家庭不是他们人生的目标，他们认为婚姻和养育小孩不是构成人生圆满的必要条件。他们在合适的条件下愿意建立家庭，但他们通常认为一个家庭不一定要符合传统家庭的定义。这一华礼型有两个亚型：成员灵活亚型和时间灵活亚型。成员灵活亚型认为一个家庭不一定必须要有一对配偶及子女。他们认为一个家庭可以由单亲和子女组成，或一对配偶但没有子女。时间灵活亚型认为长期关系不是家庭的必要条件，相反他们认为中短期的家庭关系才应该是正常的。

"基目规经" 框架

这一华礼型的人要么有很强的建立于科学的基石,要么就是没有任何强烈的基石。他们一般都是既定生活的反叛者和挑战者。采用这个华礼型的人的家庭价值观会有很多种类,但他们的一个共同点就是他们认为不需要去遵守传统的家庭观念。

不同的亚型会有不一样的规则,即使是同亚型的人(比如成员灵活亚型)也会在家庭观念上有不同的想法,从而形成不同规则的群组。例如说,在中国有很多结了婚但不打算生小孩的家庭(丁克家庭),他们的家庭规则与有孩子的家庭相比会有很大的差异。丁克这个名称源自于英文 DINK (Double Income No Kids,两份收入没有小孩)。被誉为"孔雀公主"的杨丽萍是这个亚型中典型的例子,她选择不生育小孩而全身心地投入到自己的职业生涯中。

这个群体当中的一部分人只会把这种想法放在自己内心或者跟身边亲近的人分享,但有另一些人会直接把这些想法宣扬给任何愿意听的人。但不管是哪种情况,他们都希望让身边的人和社会逐渐接受他们的想法和他们非传统性的家庭。

虽然在现在的社会中他们还是少数群体,但他们具备很多活力征象。在现代社会里,做一个独特的人不仅仅是可以被接受的,而是应该被赞誉的。在很多人看来,如果像同性恋这种曾经被社会禁止过的现象都被接受了,那么婚姻制度和性质的改变也肯定会很快地被社会所接纳。这是这个华礼型的前瞻活力征象。同时,因为他们的独特性,每个亚型内部也有着很强的归属活力征象。而且这种华礼型不但对采用的人也对那些碍于其他原因没采用人有很强的向往活力征象。这个华礼型的品牌有很强的向心力,但它的影响力因人而异。虽然有很多人尊敬羡慕这个华礼型,也有一部分人认为这是很自私的行为。

实践者类型

导致一个人采用这个华礼型的原因主要有两种:一种是来自于理智分析后的结论;另一种是在遵循了传统家庭模式后产生的不愉快的经历。

婚姻和养育子女是社会的结构元素,它们的具体形式都是为了更好地为社会服务。现有家庭结构的许多要素(如一夫一妻关系、终身承诺、对配偶的责任、对孩子的责任、养育和抚养子女)在人类历史上并不一直是家庭必须的,而是在近代史中被筛选出来最适合社会发展的家庭结构。我们没有理由去期望现在的家庭结构是永恒的最佳选择,家庭结构在未来的演变是必然的,不过演变的方向和速度已超出这本书讨论的范围。因为没有支撑现有传统家庭结构的绝对理由，那些花了很多时间思考自己家庭华礼型的人，可能会得出他们应该过与现在社会规范不同的家庭生活。这种观点在很多受过高等教育的年轻一代中相当普遍。

一个人也可能在遵循传统家庭的社会规范后有不愉快的经历，然后选择了这一华礼型。比如他们一直想按照传统的家庭理念来建立家庭，但无法找到合适的配偶。或者他们已经按照传统的理念建立了家庭，但这种家庭让他们非常失望。在这种经历的基础上，他们决定放弃传统家庭理念，采用新的方式来让自己的家庭更幸福。

在一定程度上，这个华礼型也会受进化（遗传因素）的影响。在进化上这种华礼型（除了成员灵活亚型里的丁克家庭）是有一定的优势的，因为他们可能会生育更多的后代。特别是那些在社会上有优势地位的人，有与不同的配偶生育更多自己的后代（传播自己的基因）的可能。

主要问题和补救措施

这一华礼型有两个关键性挑战。第一要能承受外界的压力，第二是避免遗憾。

这个华礼型所受到的外界压力在所有的家庭华礼型里是最大的，因为它是反叛性的、以前没有的。这个华礼型的采用者必须学会如何去承受身边人的议论和批评，这种压力不仅仅很大很尖锐，而且往往来自自己最亲密的父母、亲戚、好朋友和同事。抵抗这种压力的方法是，首先自己必须对选择这个家庭华礼型想得很清楚，对这个话题进行真正深入地自我反思，并明确为什么这样做。另一个抵抗这种压力的方法是参与一个有相同想法的人群，互相支持。这些人不能只是接受或者尊重这种家庭华礼型，最好是同样生活方式的实践者。

潜在的遗憾是另一种挑战。毕竟组建家庭是一个终身承诺，一般是不能被扭转的。如果一个人不想生育小孩，那么他人生的后半段里是没有改变这个行为的可能性的，除非领养。如果一个人不想做一生的承诺，他可能会失去一些和他相配出色的，但看重一生承诺的人。解决这个挑战的方法是保持一个开放的态度，在合适的情况下考虑另一种家庭华礼型，而不是坚持一定要做某一个改革家庭的亚型。

前景

我认为会有更多的人会首先采取时间灵活亚型，因为从表面上看它和社会规范的冲突较少。比较社会上离婚的家庭，这个亚型的区别是它希望有这样短暂的家庭，而不是被迫有短暂的家庭。成员灵活亚型也会随着社会对个性化人生的接受而变得普遍且流行，特别是当传统家庭的进化优势（收入、资源、稳定、效率等等）在现代社会中逐渐消逝了。

我相信改革家庭华礼型的核心要素会成为收敛后的家庭

华礼型的组成部分,传统家庭不会消失,但改革家庭的华礼型会变成常规。最后,这两个亚型的区别在于它们强调的是两种不同的改革维度(成员和时间),它们不是只能二选一的。一个人可以同时在两个亚型的维度上改革,我觉得这两种亚型很有可能以后会合并成为一种。

第三十章
无心熟人

　　这是讨论熟人华礼型的第一章，让我首先说明熟人华礼型与个人及家庭华礼型的一个重要区别。在个人和家庭组成形式上，一般一个华礼人在同一时间里只能属于一种华礼型。但是在熟人组成形式里，一个人可以同时归属于多个采用不同熟人华礼型的熟人实体。这样的多类型归属情况并不罕见，大部分人都会参与采用不同华礼型的熟人实体。

　　无心熟人华礼型从名字上就可看出它的特征：这个华礼型的人不会刻意去想如何和别人交流，更不会为了某种目的去和别人交流（比如，如果我这样做了我就可以得到某样东西）。无心熟人可以细分为四个亚型。第一种是点头之交亚型。在这种亚型的实体里，大家是一个客气但不亲近的关系，至多只会点头与微笑，这在成员互相之间不太熟悉的实体里常见。第二种是社会角色亚型。这种亚型由成员们在社会里的角色来决定互相关系的实体（例如老师和学生、管理者与被管理者、政府官员之间等等），他们之间没有和这种社会关系不一致的交流。第三种是对方决定亚型。这种亚型按照别人对待他的行为方式来确定对待别人的行为方式。第四种是随心亚型。这个亚型喜欢随着自己的感觉和他人交流，而不会去考虑后果。这种亚型往往在自己的成长过程中（例如家庭与同学）有这样的简单关系，以后一直没有改变。

"基目规经"框架

点头之交亚型和社会角色亚型比较直观，不会有强烈的基石和目标。几乎所有人在处理熟人关系上或多或少都会有这两个亚型，而且基本上不会有人只使用这两个亚型中的一种来处理所有的关系。采用对方决定亚型和随心亚型的人既可能只是在一部分熟人实体里使用，也可能会把它应用到自己所有的熟人关系里。对方决定亚型往往具备强烈的信仰体系，或有非常强烈的有关人生经历。对方决定亚型在华礼文化中，特别是历史上，备受称赞。在《史记·刺客列传》中，豫让解释了为何他要牺牲自己来为智伯之死复仇："君以国士待我，我必国士报之；君以路人待我，我必路人报之；君以草芥待我，我必仇寇报之"。随心亚型的基石有两种情况：一种是很强大的，相信应该做自己认为应该做的事，不管别人的反映。另一种是无所谓的，他们没有感受到随心处理关系的坏处。无心熟人华礼型没有明确的目标。每个亚型的特征就是他们遵守的规则。这个华礼型不会让成员们建立牢固紧密的关系。在这些亚型之中，对方决定亚型是唯一拥有一定影响力与向心力的亚型。

实践者类型

人们选择这种华礼型出于多种原因。第一个原因是有些关系就算花很多精力及复杂的规则去维护也不会给一个人带来多大的好处，就索性采用一种简单不用花心思的熟人华礼型来降低成本。无心熟人华礼型最大的优势是处理关系时不用去想太多。所以这个华礼型使用最简单的规则及处理手法让它在这个维度上有很大的吸引力。这特别反映在点头之交亚型和社会角色亚型上。第二个原因则归结于过去维持复杂关系的失败，觉得花了那么多的精力也没有成效，还不如简单一些。这也可能涉及全部四种亚型。第三个原因是成长环境。在没有受到挫折的环境中长大的人更倾向于成为随心亚型，因为这类人相信他们的生活不会因为随心处理关系而受影响。当然，人的有关性格也受基因影响，比如外向或内向，也会影响到一个人是否会采用无心熟人这个华礼型。

主要问题和补救措施

最大的挑战并不来自于这个华礼型的本身,而是如何在特定的情况(熟人)下使用特定的亚型,使用不当会造成很大的损害。在这个方面随心亚型特别有挑战,因为随心地处理关系会不可避免的造成别人很多的不满。采用随心亚型的人应该尽快转型。即使现阶段的环境可以包容这种亚型,但是绝不能假设未来也会如此。

对于点头之交亚型和社会角色亚型,他们的方式可能会让他们失去机遇,因为他们未允许发展更深的关系。理想情况下,一个人应该把这两种亚型视为过渡性亚型,是一开始和人交际要采用的,但应该在此基础上,和另一部分人考虑发展成更深的熟人关系。

前景

点头之交亚型和社会角色亚型会继续广泛存在,对方决定亚型会在小范围里继续存在,但随心亚型正在逐渐消亡,因为它对使用者没有什么好处。社会角色亚型的一些元素会成为未来收敛的华礼型的一部分。

第三十一章
介绍熟人

　　介绍熟人华礼型指在社交圈中起介绍作用的人。这种关系可以是对称的（双方都是介绍熟人），或不对称的（一个是介绍熟人，另一个人是别的华礼型，比如无心熟人）。介绍熟人有两种亚型。职业圈亚型能够给别人介绍和职业发展有关系的人。生活圈亚型能够在个人生活中介绍合适的人（譬如找潜在的配偶、医生、律师和工匠等）。他们通常不会期待通过这种介绍获得等价的好处（如果他们有这种意图，则属于后文提到的交易熟人），介绍熟人华礼型以成为大家可以依靠信赖的介绍人为荣，他们的动力来于为他人提供这样的帮助而得到内心的满足或面子的满足。

"基目规经"框架

介绍熟人华礼型的存在不依赖于特定类型的基石。不管他们的基石是什么，介绍熟人的目标都是要成为最成功的，在周围的人群里最受尊敬的介绍人。要成为有效的介绍熟人，必须遵循一定的规则，否则他们无法管理花了很多的时间和精力建立的人脉网络。比如在什么情况下应该把一个人介绍给另一个人，不能介绍太多的人，也不能介绍不合适的人。介绍熟人华礼型由于想利他的性质，往往有很强的内部向心力和外部影响力，也会有强烈的归属和向往的活力征象。

实践者类型

介绍熟人不以个人利益为介绍的出发点。直接的个人利益是次要的和未来的。他们乐于助人，渴望被看作社会宝贵的一部分和被感激。人性中有一种天生融入群体的倾向，而这或许驱动了人们成为介绍熟人，因为乐于帮助他人的人很容易被大家欢迎接受，因此会在保留传播自己的基因上有优势。一个人成长和生活的经历也会对此产生巨大影响。如果一个人成长时周围有些人是介绍熟人，同时他观察到被帮助过的人的感激，那么这个人长大后很可能会成为介绍熟人。

当然，鼓励帮助他人的信仰系统也会促使介绍熟人的产生。

主要问题和补救措施

介绍熟人的核心挑战有二：一是成本，二是对结果的期望。维持合适的熟人圈子并非小事，他们需要被识别、维护和加强。这些都需要时间和其他资源的大量投入。有些华礼人还存在一种观点，那就是没有结果的帮助（没有帮到的忙）不算是帮助。对于介绍熟人来说，这种对理想结果的期待不是很容易满足的。这些挑战不是因为介绍熟人本人的问题，而是客观存在的问题。采用这一华礼型的人必须认真反思自己为什么想做这一型（即便只是对于一部分人），然后看看这样做的成本和可能得到的回报是否可以接受，同时介绍时不要在结果上过度承诺。

前景

华礼社会过去被视为熟人社会，这主要是因为华礼家族相对稳定，不太会迁移。但在当今的社会里，熟人的关系会有质的变化。首先，这个社会已经越来越看重法律与规定，一个介绍人无法让另一个人去做和法律和规定相悖的事情，甚至做不被认为公正的事情也办不到。这种意识的变化减小了介绍熟人的价值。介绍人更可能作为声誉的担保者为他人开启一扇门。另外，随着信息的完整公开和监督系统的完善，需要熟人介绍的地方也越来越少了。比如看病以后肯定是不需要找熟人的。从长远来看，介绍熟人的价值会逐渐减少，这就会导致介绍熟人这一华礼型从华礼文化里逐渐消失。

第三十二章
填空熟人

　　填空熟人华礼型很普遍,他的目的就是让这些熟人填补自己生活中的空缺。他和介绍熟人华礼型的一个根本区别在于他们服务对象的不同。介绍熟人是为他人服务,填空熟人是让他人为自己服务。填空熟人的关系一般是对称的(大家都是为了这个目的),但有的时候因为误会而出现不对称的关系(一方是填空熟人,但另一方误以为他们有别的关系),这种不对称的关系一般会造成很大的失望。填空熟人有三个主要亚型:物质亚型、八卦亚型和精神亚型。物质亚型是在物质生活中需要同伴的人,例如运动(跑步、网球等)、晚餐、唱卡拉OK等。八卦亚型是需要和他人一起聊天谈话八卦的人。情感亚型是需要他人帮助自己达到特定情感状态的人,例如从回忆中找回纯真的感觉(很多老同学的群就属于这一亚型)。

"基目规经"框架

人类作为社会动物对填空熟人的需要是很基本的,所以它会出现在各个社会阶层和信仰系统中,也会有各种各样的基石。当然,把几乎所有的熟人都看作填空熟人是不健康的一种方法,也很罕见。填空熟人华礼型最重要的规则是人们应当合宜地看待这种关系,不要期望比填空更多的东西。八卦亚型的人可以在咖啡馆和饭店里聊个几小时,但不要指望,这看上去亲热的关系意味着对方会愿意在别的方面帮助你。因为填空熟人的性质,他们往往有很多和自己亚型相关的经历,但不大可能有其他的共同经历。填空熟人华礼型通常没有很强的向心力或影响力,虽然外人可能将他们之间表面的亲近视为是强关系的表现。

实践者类型

这一华礼型的存在有两个主要原因。一是出于必要性。人们为了完成并且享受人生的某些方面,必须要有同伴,不管是闲聊、运动、娱乐等。另一点是出于孤独,或希望成为某个群体的一部分,或渴望与他人接触。虽然一个人可能不会将填空熟人视作可以依靠的朋友,但至少他可以有人一起经历一些对他来说有意义的事情。

主要问题和补救措施

填空熟人华礼型第一个会犯的严重错误是将填空熟人错当成其他关系。一个多年来与你经常在一起吃喝的人不代表他是你的好友,很可能对方只将你看作填空熟人里的物质亚型。对这种关系的误解可能造成很大的失望,甚至是灾难性的。例如 2015 年年底云南省一个家庭谋杀案。一位云南老板向他多年来的酒友吹嘘自己的财富,不幸的是这个人完全不是他的好友,反而起意绑架和杀害他全家,以抢掠他的钱财①。避免这个错误的方法是明确表达。华礼社会自古以来就倾向含蓄,他们认为直率让人尴尬,甚至有些粗鲁,当被问到一个具体问题的时候他们不会给出直接的回答。然而,在熟人华礼型上靠假设来运作的风险太高了。如果在特定情况下,直接提问不可行,或许可以间接提问,比如尝试询问对方在一个假想的情况下会愿意做什么事,通过她的回答来理解对方是否将彼此关系视作填空熟人。如果这些方式都失败了,人们可以保守地将所有这类未证实的关系视作填空熟人。

---

① http://www.chinadaily.com.cn/micro-reading/dzh/2016-02-28/content_14574548.html.

填空熟人华礼型的第二个会犯的严重错误是相信人生中有填空熟人就足够了。事实上，填空熟人永远不该是熟人组成形式的主要部分。他们是用来丰富和填补生活中的空缺的，但他们不应该就是生活本身。老同学群体的激增（在微信等网络空间以及在现实中的经常聚会）会带来一种欺骗性的满足感，但事实上可能有害于人们的家庭和更重要的熟人关系。不像其他类型（如无心熟人或介绍熟人），填空熟人经验丰富，常给人一种在熟人组成形式上的错误成就感。所以必须在这方面被恰当地引导。

前景

　　填空熟人华礼型的比例在未来不会发生巨大的变化，但形式上也许会有变化（比如很多八卦亚型可以在网上或移动端实现了）。填空熟人之间较弱的纽带和规则使他们容易调整适应外部的环境。

第三十三章
交易熟人

交易熟人华礼型指寻求与他人交换好处以最大化自己整体利益的人。一些交易熟人也会为其他人介绍自己的人脉，这和介绍熟人相似，但交易熟人的目标是利益交换，而介绍熟人不要求这一点。交易熟人中有两种亚型。第一种是帕累托优化亚型，也就是说，他们寻求的交易是同时使得双方都能得到好处的（至少不损害某一方利益）。第二种是有借有还亚型，以借贷的标准运作。他们寻求帮助，但会记录下自己所欠的，并总是寻找机会在未来偿清这笔债。同样，提供帮助的一方也会记录自己借出的，并在未来寻求回报。

"基目规经"框架

与有借有还亚型不同，帕累托优化亚型更看重短期效果和交易。换句话说，他们只在自己能获得好处（或至少不损失）的条件下才会做某件事。与此相反，有借有还亚型在某一个具体事情上愿意付出代价，只要他们觉得以后可在另一件事上获得回报，或他们是要还以前欠的人情。

基于交易熟人华礼型清晰的目标，其规则非常具体并且会被严格的执行。交易熟人非常熟悉这些规则，而违背这些规则通常会导致严重的后果。交易熟人实体有时会有自己特殊的规则，有的时候会采用在社会某个部分通用（如某个省市的同乡们）的规则。

交易熟人以一种共赢的方式提供了优化生活的相对公正的做法。有借有还亚型在华礼历史上和可预见的未来都是被推崇的，比如很多报恩的故事，会有一定的向往的活力征象。本章后面会提到，如果债务可以向第三方（或整个社会）偿还，有借有还亚型就会尤其成为向往性的文化。交易熟人有一定的向心力，因为他们知道可以彼此信任。交易熟人也有相当的影响力。

实践者类型

交易熟人这个词或许带着消极的含义，但它在我们的社会中是必要的，且具有进化优势。一些人成为交易熟人是因为他们发现这对于实现生活中一些目标是最有效的。另一些人则"被迫"成为交易熟人，因为身边人想让他这样处事。

前者喜欢发起交易熟人关系，而后者只在另一方想形成交易熟人关系时被动的参加。

成为一个交易熟人的背后既有高尚又有功利的理由。感恩和互惠，社会和华礼文化的根基，是形成交易熟人华礼型的一个重要原因，特别是有借有还亚型。另一方面，交易熟人也可能仅仅出于功利的动机，对一切付出都想得到回报，是一种个人短期效用最大化的理性计算。

帕累托优化亚型更多属于功利的动机，但它也是社会信任被破坏的结果。由于缺乏信任，交易关系就进入了实时的交易中，交换必须同时发生。有借有还亚型有很长的历史和广泛的实践，比如华礼文化的科举制度。当有人中榜时，他要去感谢主考官，尊为恩师，而自称门生。主考官则会为这位新秀的职业生涯提供各种帮助，未来这些学生一旦当权，就会全力支持自己的导师，并将这一传统传递给自己的学生。

主要问题和补救措施

任何事情都不能走极端，如果交易的观念渗透到我们生活的所有方面就会瓦解社会。交易熟人华礼型挑战在于如何保持一定的平衡？应当与谁交易？什么可以列入交易范畴（特别是什么是不该被交易的）？如果一切都能被交易，每个人都被当做是交易熟人，社会凝聚力就会不复存在。

保持平衡不易，我的建议是：首先争取做一个被动交易熟人；其次，可能的话，采用有借有还亚型。当然这是在一方不会被另一方占便宜的情况下。一个人要有决定自己愿意或不愿意交易什么，可以和谁交易，以及在什么情况下不求回报的意识。这些都是一个受人尊敬的交易熟人需要长期坚守的界限。

前景

我相信有借有还亚型会延续下去甚至扩展。虽然交易这个名称或许不好听，但它强化的是人在力所能及范围内需要报答的理念。我预测有借有还亚型在未来会有如下演变：有些实体会允许，甚至鼓励：欠的债可以通过帮助一个不相关的但同样需要帮助的人来还。这样的亚型会有长久的生命力并且日渐普及，也会成为未来收敛后的华礼文化的重要组成元素。

第三十四章
同盟熟人

同盟熟人华礼型有着明确的目标：通过与他方结成强大而稳固的同盟来尽可能多地增强自己。同盟不只是相互便利，而是承诺像维护自己的利益一样维护对方的利益。为实现这一目标，同盟熟人华礼型拥有比其他熟人华礼型更紧密和维度更丰富的正式结构。它与相类似的交易熟人有几个主要的区别：第一，同盟熟人必须遵守的全面而详细的规则，而不是仅仅针对交易；第二，同盟熟人愿意帮助同盟其他成员而不求回报；第三，同盟熟人一般是排他的；第四，同盟熟人是长期，甚至是终身的。

同盟熟人主要分为三个亚型。结拜亚型是个人之间的同盟。它由来已久，是从无血缘或姻亲关系的人结为兄弟姐妹

(或父/母子女关系)的方式演变而来的。家族亚型是家庭之间的同盟，在同盟里各个家庭成为拥有共同目标的整体，互帮互助。政社经亚型是政治社会经济同盟，人们（通常以个人为单位）组成同盟以追求某一个（类）具体的目标。这些关系都由详细的规则来维护和保障，违反规则会导致严重的后果。同盟熟人的目标在于通过正式的关系增强自己的实力，但同时也承诺愿意为整体牺牲自己的利益。

"基目规经"框架

同盟熟人通常有着相同的基石。对于结拜亚型和家族亚型来说，同一个实体的成员组成同盟的原因可能会不相同。同一个实体的同盟熟人为自己的目标寻求优势互补是完全正常的，比如一个追求财富而另一个追求地位，只要目标不相互冲突即可。

同盟熟人华礼型是一个全面完整的非血缘关系，所以它的规则是全面、明确而严格的，以确保真实的同盟关系。为丰富和巩固这一关系，同盟熟人通常会有很多共同的经历。

同盟熟人因其规则有着强大的向心力，因其实力有着巨大的影响力。然而，同盟熟人华礼型的前瞻的活力征象不强。同盟熟人是历史社会和政治环境的产物，它的益处在未来会随着社会结构的变化而减少，而且人们也不再习惯于被严格的、排他性的关系束缚。

实践者类型

人们因具体的目标组成同盟,通常是在社会环境为此类同盟提供便利的情况下。最著名的结拜兄弟故事之一是《三国演义》中的桃园三结义。在那个充满动荡和机会的年代,刘备、关羽和张飞为了共同干一番事业,结为异姓兄弟,不求同年同月同日生,只愿同年同月同日死。与交易熟人不同,同盟熟人要求人们在没看到任何好处前就怀有信心,并承诺为集体利益做贡献,甚至为此自我牺牲,这是很高的要求。因此,只有回报必定大于同盟时的社会环境才能产生和维持同盟关系。

主要问题和补救措施

同盟熟人背负着重大的承诺,甚至要为了同盟的整体利益而牺牲自己的利益。这种高期望难免会导致某些人违背承诺,有时是因为某一方的投机行为,也有时是因为这样的承诺在现实生活中的可行性极低(包括一个人还必须满足他对别的实体〔比如家庭〕的承诺)。

另外一个根本性的挑战是同盟规则必须是公正的,因为它对成员们有很强的贡献要求。当然,公正在此处是一个主观的概念。因此,在建立同盟规则时进行细致、深入的沟通并达成一致是绝对重要的。传统的华礼人在这些同盟关系上有很明确的规则。例如结拜兄弟，往往立下誓言要同甘共苦，害我结拜兄弟者就是我的敌人等等。然而这样的誓言越来越不再适应当代社会。因此，思考建立同盟关系的人有必要提出各方都能接受的规则，但这些规则需要有惩罚背弃同盟行为的方法。如果无法建立全面公正并有后果的规则，这个同盟熟人实体是不会持久稳定的。

前景

在当今社会里，这种同盟熟人实体的优势在迅速减小，可以支撑如此紧密严格的同盟关系的环境也在消失。我认为各个亚型的规则会逐渐变弱，例如，可能不再要求排他性，不再要求无条件的牺牲。

这些亚型的比例也会发生变化。由于现在的家庭结构和家族观念的淡薄，本来已经不多的家族亚型会迅速减少。如果降低同盟的规则要求，比如降低排他性和/或降低贡献的程度，个人之间的结拜亚型或许在短期内还会继续存在。政社经亚型可能会变得非正式，或许会成为临时性同盟而没有长期的互相承诺。

虽然成功的同盟熟人实体会有强大的向心力和影响力，但它是过去的必需品，而不是未来的必需品。随着人与人之间的纽带在总体上（甚至是家庭内部）变得更弱，也随着生活中个人的不断迁移（地理意义上和象征意义上），参与长期严格的同盟关系的好处迅速减少。同盟熟人作为一个类型也会逐渐消失。

第三十五章
知己熟人

知己熟人华礼型指为追求非物质目的而建立的非血缘关系，他们往往能够在精神层面彼此认同和欣赏。它有三种主要亚型。文友亚型包括拥有共同兴趣（例如基石的特定部分，或某种爱好）并欣赏对方在这方面想法和成就的人。交心亚型包括互为知己，愿意彼此倾听和分享人生苦乐的人，可以相互敞开内心，彼此理解。顾问亚型则是不对称的，比如导师和学生之间，在这种亚型里顾问要能为需要的人提供富有见地的宝贵建议。顾问亚型也可以是知己，但并非必须。

"基目规经"框架

由于知己熟人华礼型关注生活的非物质方面，所以他们的基石通常很类似，或者至少是相互兼容的。当然，不同的知己熟人实体会有不同的基石。

虽然文友亚型和交心亚型通常是对称的，从而有相同的目标，但目标背后的动机未必相同。譬如，交心亚型的两个人可能一个喜欢分享一个喜欢倾听。顾问亚型是不对称的，所以两方通常有不同的目标。

规则非常重要，它不是关于必须说什么，更多是关于不该说什么。例如，文友亚型的交流限制于他们想要交换想法的共同话题上，交心亚型的讨论限制于他们想分享的话题上，其他话题则不行（例如讨论同事关系但不讨论婚姻关系），而顾问亚型在可讨论的话题上有限制。这个界限非常重要，如果有人越界而让另一方觉得不舒服，这段关系可能难以长久。

由于非物质的特性，知己熟人华礼型经历的类型也会很有局限，很大程度上停留在让他们成为知己熟人的话题上。但这些特定类型的经历或许会非常频繁并深刻。例如共同爱好足球的人，可能会一起去看他们喜欢球队的每一场比赛，但他们不会在足球赛事之外产生交集。

知己熟人实体有很强的内部向心力，很多实体（特别是交心亚型和顾问亚型）会非常低调。

实践者类型

文友亚型在华礼文化中有着深远的历史。很多文人互赏才华的故事被载于史书，甚至在普通人中都广为流传。例如"竹林七贤"，指的是三国魏正始年间，当时玄学的代表人物嵇康、阮籍、山涛、向秀、刘伶、王戎及阮咸七人，常在今修武一带相聚。这个亚型比较普遍，也存在于各个领域和生活角落。交心亚型的一个著名例子是管鲍之交，管仲和鲍叔牙的交情。《列子·力命》中记载："生我者父母，知我者鲍叔也。此世称管鲍善交也。"人们常常用"管鲍之交"来形容交心亚型的关系。理想情况下，每个华礼人都至少应该是一个交心亚型实体的成员。顾问亚型也普遍存在，往往是老师和学生，老领导和老部下。

对知己熟人的需要对人类来说是根本性的，对个人内心的成长及他在社会上的存在都是必须的。知己熟人可以帮助我们减少思想上的孤独，提高精神满足，寻求好的建议，发泄不愉快，并且在生活中更好地决策。

主要问题和补救措施

知己熟人华礼型的一个主要挑战是要找到合适的人，合适意味着对方不仅能提供自己所需要的非物质的东西（不管是哪个亚型），而且真正相信并愿意和自己组成这一华礼型（亚型）。这意味着一个人要主动地去努力，而不是等待别人或天意，不然遇到合适的人可能性不会高。每个人都需要知己熟人来实现一种健康而有意义的生活。因此，人们在生活中必须积极寻求这样的关系，找到合适的人，来建立相应的亚型。

知己熟人华礼型的另一个主要挑战是人们必须抵制拓展这类关系的诱惑。人们在感受到心灵的亲密后往往会想将他们的关系拓展到其他领域，比如利益交换、共享别的经历等等。这不是一个好主意，另一方可能会因为不感兴趣或没空而退出知己熟人。另外，参与别的活动可能会产生摩擦并伤害到原本的知己熟人关系。考虑到找到合适的知己熟人的难度，我建议还是保守行事为好，小心地维持知己关系，并且不要将这一关系扩展到其他范围。

前景

不管社会如何发展，对这一类型的需求会一直存在。除了提高自身精神健康和在生活中成功的可能性的需求外，对知己熟人的需求也来自于华礼文化一贯强调的一个人应当在精神和文化层面富有修养。

在当今的华礼社会里不少华礼人并不是任何（或只是一两个）知己熟人实体的成员，但实际上他们会从这种实体（相应三个亚型的实体）里大大受益。因此我的预期是知己熟人华礼型的比例在未来会有很大的增加，也会成为未来收敛的华礼文化的一部分。

第三十六章
维持企业

公司组成形式的华礼型和那些建立并运行公司的企业家是直接相关的。更准确地说，企业华礼型就是关于企业家的。虽然一个企业家很有可能拥有不同华礼亚型的企业，但是通常会趋于一致。

维持企业华礼型代表着那些以建立并运营一个公司来帮助其生命顺利持续下去的人群。它共有四个亚型：物质需要亚型以满足自身（可能包括雇员）物质需求为目标；交往需要亚型以为自身（可能包括雇员）建立一个社交圈为目标；常态需要亚型以建立一种常规的生活为目的；独立需要亚型以寻求生活的自由（不需要为其他人工作）为目的。

"基目规经"框架

维持企业华礼型的基石没有明显的相似点。虽然其目标因不同的亚型而异，但是相同的是它们的目标都是获得足够的可持续性（和亚型相对应的东西），而不是最大化，特别不是利润的最大化。这样的公司通常更加随性且没有严格的规则。交往需要亚型和常态需要亚型的经历经常是丰富多彩的。当然这种经历的具体组成形式通常因不同的实体而异。维持企业往往不多，但有着很强的品牌向心力。它们朴实无华的目标会赢得大部分人的尊重，有着相当大的品牌影响力。

实践者类型

维持企业华礼型的背后有两个重要的驱动因子：必要性和特异性。必要性是因为一个企业家在别的地方得不到它想得到的东西，同时它又没有追求利润最大化的愿望。特异性可来自于基因倾向（特别是对于独立需要亚型而言）和/或在成长过程中的特定经历。

主要问题和补救措施

维持企业华礼型要应对两个挑战：内部认同和外部竞

争。这些企业在运行中并非寻求利润最大化，它们的目标经常被人们认为是平庸的，因此内部员工必须要真正地认同公司的特定的维持理念。假如公司内部不和谐，那么它将很难取得长远的成功。外部竞争是另一个非常严峻的考验。无论企业的目标是什么，它们全都在同一个市场中与提供相似产品且被利润最大化目标驱动的其他企业竞争。

虽然公司（企业家）已经决定了公司的维持性质，但为了提高内部认同，企业必须尽最大努力去对公司里的每个人阐明这些目标背后的原因。企业也要认识到并非所有的员工都会接受这个理念。那些不能接受的员工离开要比留下来对公司更好，因为留下他们会导致以后员工之间在决策上的冲突，甚至影响到公司本身的存活。

在外部竞争上，公司（企业家）必须认清现实。对追求目标的随性并不意味着公司可以在市场竞争中存活。那些没有持续提高产品和服务质量的公司将会很快被遗忘；没有持续提高工作效率的公司也将不能在市场价格压力下存活。因此，维持企业必须明白：如果它要在市场中以一个"真实"的公司的心态去竞争，它的（维持）目标必须是以它能够在市场中存活为前提的。

前景

随着社会的物质条件持续提高，物质需要亚型的比例也会随之降低，但是对于其他三个亚型的需求则不可能消失。行业的高度合并和电子商业对维持企业来说是把双刃剑。一方面，这两个趋势对它们竞争能力的要求大大增加。另一方面，电子商业其也赋能给缺乏运营能力的人亦好一个电子（网上、移动端）企业，当然，他们必须要给消费者提供独特且有价值的东西。企业更加聚焦，维持企业一直会存在，但企业规模更小、成功机会更小、寿命更低。

第三十七章
积聚企业

积聚企业华礼型以利润最大化为目标。这一华礼型有两个亚型：私有亚型和上市亚型。私有亚型旨在实现投资者家族的财富最大化；上市亚型旨在实现股东的财富最大化。这两个亚型在操作和财富分配上会有一定的区别，但创造最大化财富的目标是完全一致的。

"基目规经"框架

积聚企业华礼型和传统资本主义企业的角色是一致的。积聚企业背后不存在某种特定的强力的基石，但积聚企业通常都相信物质财富是生活和社会中最重要的元素，是一个企业唯一的追求。积聚企业的规则常常十分具体、不允许偏离，严格地为目标服务。这些公司常常组织完善且高效。积聚企业华礼型为人们所熟知，它有着很好的品牌向心力，但没有很大的品牌影响力。

实践者类型

积聚企业华礼型是进化选择的结果。拥有更多的财富可以帮助一个人获得配偶、生育后代、度过艰难时期、并给后代创造更好的条件。这往往是很多私有亚型的出发点。但建立积聚企业的人在个人层面上不一定是一个攀登者，可能是一个还债者——为家庭、为股东创造尽可能多的财富。当然，一个人也可能受到社会的教育，认为公司就是应该利润最大化的。对于一般的上市亚型，受社会和法律的影响，更会觉得这是理所当然的。

主要问题和补救措施

积聚企业对利润的专注追求是非常有效的，但是它有可能会让一些（潜在的）员工和顾客失望。现在很多有才华的员工都希望为一个与众不同的公司工作，或者说至少不仅仅是追求利润最大化的公司。因此，这些人可能不会到积聚企业工作。另外，这种单一的追求也可能会疏远一部分期望该公司并非利润至上的消费者。如果吸引不到优秀的员工和/

或顾客，一个企业也就无法继续创造更多的财富。积聚企业必须在这两者之间平衡。

前景

积聚企业在未来不会成为华礼社会的一个重要企业类型，有两个主要原因。首先，华礼人在历史上从来没有过多地追求财富的积累，华礼文化一贯注重的是"修身齐家治国平天下"。其次，当今世界的普遍心态已经改变，特别是年轻一代不再推崇一心为股东们积聚财富的企业，甚至将其认为是不可接受的。一个公司必须为一些社会目标而服务已经更多地成为了一种期望而不是锦上添花。

第三十八章
面子企业

　　面子企业通过建立运作一个成功的企业来获得社会地位和名声。企业成功本身对他们来说并不重要，重要的是成功的时候社会是如何看待他们的。对应"面子"的三个层面（详情请见《中国蹊》第二章）共有三个亚型：尊严、尊敬和优越。尊严亚型追求不会被人看轻，例如，能够为自己和家庭提供需要的资源。尊敬亚型追求通过商业上的成功从他人那里得到尊重，来实现外界对他的期望。而优越亚型追求比同类人更优秀。如果用一个统计分布来说明，尊严亚型比可以接受的底线稍高，仍然在正常分布范围内；尊敬亚型近似于平均值附近；优越亚型则是在分布的最高端，超过大部分人。值得指出的是，创造的财富只是决定这一分布的因素之一。一个人如何赚钱，在哪个领域里赚钱，他如何对待其他人，甚至如何分配他的财富（包括帮助那些需要帮助的人）都会影响一个人在外人面前的面子。

"基目规经" 框架

面子企业有很强烈的基于传统华礼人信念体系（如儒家思想）的基石。对于这些人来说，被别人看重是很重要的，甚至是他们的人生信条。他们的目标是用商业上的成功来达到这种认可。当然，不同亚型对希望得到的面子也有区别（比如说，并不是每个人都想要追求比其他人优越）。

规则是明确、复杂的。社会中不同的小环境可能对有面子，特别是通过企业得来的面子，有不同的定义，比如各个因素（财富数量、赚钱的方法……）的相对重要性。因此，面子企业应该按照相应的规则来达到他们的目标。面子企业的经历通常是依据目标而定。

虽然一些人会认为面子企业是一种虚荣心，但面子是一个华礼文化的核心概念。面子企业有很好的品牌向心力，并且也有很强的品牌影响力。

实践者类型

面子企业是长久以来被儒家思想统治的必然结果。虽然随着时间的变迁、什么是面子有了很多变化，但面子是人生命中最重要部分的思想没有多大变化。面子这个理念已被吸收进了华礼社会的各种遗产文化里，不仅仅是儒家思想独有的了。很多人在他们的成长过程中，从父母、老师、长辈、书籍以及媒体中意识到并接受了面子的重要。

主要问题和补救措施

面子企业的主要挑战是，不要为了面子而放弃了对企业来说更为重要的东西。此外，公司所在的小环境里可能对面子的定义会不断变化，曾经可以带来面子（并且面子企业花费大量的努力去获得）的东西不再会带来面子，甚至会变成对立面。一个面子企业必须要理解自身和获得面子的代价，平衡获得的面子，并对面子定义的变化做好战略性的准备。

前景

随着社会的物质财富增长，尊严亚型的比例会逐渐降低，因为一个人可以很轻易地通过一般的工作来获得尊严，这比建立或管理一个公司要容易得多。尊敬亚型和优越亚型的实体数量会相对稳定或者稍微减少。

面子企业在企业组成形式上是一个重要且典型的华礼型，符合华礼文化的核心，我认为这会成为收敛后的企业华礼型的一个重要元素。

第三十九章
运动企业

运动企业以运营公司来满足他们竞争和超越的需求。这种竞争和超越可以是相对于他人而言,也可以是相当于自身而言。运动企业有三个主要的亚型。高远快亚型是典型的运动精神,希望的是做到更高、更远、更快。探险亚型是想要以公司为一种方式来探索生活中新的有风险的事物,高风险高回报的事情是他们最喜欢的。自我确证亚型通过公司在某种维度上证明自己的能力。运动企业热爱竞争,并且不对金钱过度关心,仅仅是把它当做衡量结果的一个标准。

"基目规经"框架

运动企业很多时候是建立在一个强大的科学的基石上,

但它们通常不以传统华礼意识形态系统或有组织的宗教为基石。不同亚型用不同的指标来衡量竞技的结果，但是他们共同的目标都是想在他们置身的指标中变得更出色。运动企业的规则一般会十分随性，但在和目标有关系的规则上他们又会非常严格。他们不会违背任何可能影响到竞技成绩的规则。运动企业有很强的品牌向心力和影响力，它可以激发追随者和合作者，同时也可以让顾客开心。

实践者类型

运动精神（竞争和超越）是我们人类内在的重要成分，因为它提供了极大的生存和繁衍的优势。但是每一个亚型背后的动力也有区别。高远快亚型是常见的运动追求，被纯粹的和强烈的竞争意识所驱使。探险亚型可能被独特的偏好冒险的基因元素所驱使，这些人群也有进化的优势。自我确证亚型更多的是精神上的，是一个给自身的挑战，并在这个过程中提升自己。社会环境，包括一个人长大的个人经历，也会对一个人是否建立运动企业有很大影响。

主要问题和补救措施

在现实生活中，一般只有没有上市的企业才可能追求这类目标。即便如此，运动企业相当不传统的目标会意味着它们要放弃一些盈利的机会，或进入不那么赚钱的市场，或进入高风险的市场，或采取特定的创新和合作路线等方式，等等。因此每个运动企业实体都必须与员工和股东完善地沟通并让他们接受公司非常规的目标，不然的话会造成冲突，导致企业无法正常运作。只有当有关人员都志同道合后，运动企业才有可能成功。

前景

随着社会物质财富（以及各种保障项目）的发展，运动企业华礼型（包括其三个亚型）会在华礼社会中变得更普遍。现在人们不仅仅将公司作为创造财富的形式，也把它作为达到其他目标的工具，并且这一理念也越来越广泛地被接受了。另外，因为他们对市场的切入点和传统的企业不一样（比如愿意承担很大风险，愿意投入巨大的研发），有些运动公司在未来会成为行业的创新者和领头羊。运动企业将会是未来的华礼企业的收敛后仍然会保持的一个特征。

第四十章
艺术企业

艺术企业以公司为在生活中创造优雅美丽事物的工具。艺术企业寻求创造最好的产品/服务，而不是足够好的（或者说是利润最大化的）的产品/服务，而利润对于他们来说是处于次要地位的。艺术企业有两个主要亚型。自我亚型包括那些注重开发生产的事物能不能满足他们自己的期待，在自己眼睛里是不是最好的，比如创造出最先进的技术。他们并没有真的多在意顾客的看法（只要能保证公司的正常生存）。顾客亚型包括那些注重开发生产的事物能不能满足顾客的期待，在顾客眼睛里是不是最好的。如果目标人群没有对他们的产品/服务产生积极热情的反馈，他们就不认为他们的工作是一种成功。艺术企业不是把产品当作达到终点（利润）的途径，而是把产品当作终点。有趣的是，这样的管理思想往往会给艺术企业（特别是顾客亚型）带来商业的成功。

"基目规经"框架

艺术企业没有统一的基石，往往是来自于企业家的特异性，这些人想要从创造新产品中获得快乐。企业的所有规则通常都支持各个亚型的相应目标。虽然艺术一词让人感觉随意，但艺术企业通常使用很多有助于创造最好产品的严格规则，并严格遵守。艺术企业和运动企业在这个规则特点上非常类似。艺术企业有很强的品牌向心力，也有很强的品牌影响力。

实践者类型

除了来自于个人的特异性，艺术企业有时也会是企业华礼型演变的结果。一个以创造最美最好的产品为宗旨的企业往往会比竞争者能更好地满足顾客的需求，而且也会有更高的品牌价值。这种良性反馈会鼓励原来采用别的企业华礼型的公司转变为艺术企业（特别是顾客亚型），因为它们实际上最终可能得到更高的利润。

主要问题和补救措施

自我亚型有一个很大的挑战，因为创造出自己认为最美好的产品不一定会带来商业上的成功，比如公司所认为的最美好的产品和顾客所认为的最美好的（并能最大限度满足他们需求的）产品可能不匹配，或者最美好的产品的价格太高。如果自我亚型不能在市场上成功，企业本身也不会存活太长。顾客亚型没有这样的问题，因为它的目标是和顾客的目标相吻合的。和从利润最大化为首要目标的公司相比（比如积聚企业），顾客亚型一般更乐于去冒险，更喜欢创造新产品，并且更向前看。

前景

自我亚型有一定成功的潜力，但规模会较小。由于它与市场真正的需求存在差异，也不会有很多成功的实体（比例），而且它的数量会继续降低。顾客亚型则可能会有巨大的商业成功。苹果公司就是这样一个例子，至少在乔布斯管理的时候是一个顾客亚型。虽然顾客亚型追求用最好的产品来满足顾客并且不将利润看作其首要目标，但是它对于满足顾客的全心全意的付出通常也会在利润上得到很好的回报。顾客亚型可能成为收敛后的企业华礼型的主要元素。

第四十一章
解题企业

解题企业将企业用来解决他们所深切关注的问题。解题企业包括两个亚型，直接亚型和间接亚型。直接亚型将解决企业面对的商业问题看作是自己存在的目的。比如建立生物工程公司去寻找一个对于他们有重大意义的（比如家人患的）疾病的治疗方法。间接亚型并不将企业面对的商业问题看作是自己存在的目的。解决面对的商业问题的目的是允许他们发展技术、增加金融资源、聚集合适的人员，以解决另外一个，和面对的商业问题不太相关的，更大的问题。很多网络公司成功后都投入去解决更具风险、更难，也和他们原来的商业联系很小的问题，比如如何送人去火星。和运动企业相比，解题企业的特征是他们在解一个对他们个人来说有重要意义的问题。但运动企业对问题本身并不在意，在意的是解题的难度。解题企业至多将利润看作是第二位的，并且倾向于付出全部去寻找解决方案。

"基目规经"框架

解题企业通常有强烈的基石，这些企业（企业家）把他们要解决的问题当成是他们生命中的呼唤。解题企业比艺术企业的顾客亚型走得更远。他们以解决人们生活中或社会中的（以前没有解决方案的）大问题为目标，比如为某种特定类型的癌症寻找治愈方法、将人类送往火星、消除贫困等，并不仅仅是提供最美好的产品。他们通常不遵循严格的规则，非常灵活，愿意尝试任何方法（包括企业管理方式）去解决他们立志于解决的问题。除了具备品牌向心力和重要的活力征象外，解题企业是企业组成形式里最具有品牌影响力的一个华礼型，也是有最强的向往活力征象的一个华礼型。

实践者类型

采用解题企业华礼型是一个理性的思维历程的结果。这个历程可以是宏观抽象的，或者是个人具体的。宏观抽象的历程通常从一个人对自己基石的思考开始，发现自己生命的意义在于去除他人生活的痛苦，或推动人类知识的发展。这样的结论会常常导致一个人投入某一个自然或社会科学领域，或非营利的公众部门。但他也可能会决定通过营利性企业来实现这种目标。很多间接亚型来源于宏观抽象的历程。个人具体的历程通常从自己个人的经历，特别是对目前存在的某一个解决方案的不满开始，到决定通过商业途径来寻找满意的解决办法结束。这种经历可以是多种多样的，比如一个所爱的人（或自己）的疾病。一次旅行，一个报道，等等。很多直接亚型都来源于个人具体的历程。

主要问题和补救措施

解题企业的主要挑战是公司如何在达到它的最终目标之前，先在商业上取得成功。解题企业要解的问题通常都很难，需要大量的资源和时间的投入。如果他们不能够在商业上成功，他们将无法持续地提供解题需要的资源，也永远不会达到他们作为解题企业所想达到的目的。解题企业内部必须要保持利润产生和解决难题之间的平衡。一个可能的方法是在内部把产生利润的业务部门和解决问题的业务部门分离，并给每一个部门都定合适的衡量尺度来驱动它们做它们应该做的事情。最后在内部以独立核算的方法把利润从产生利润的业务部门转到解决问题的业务部门。

前景

解题企业有强烈的向往活力征象，会吸引很多企业

（家）来采用。但是做一个解题企业要比做其他华礼型的企业有更大的挑战，也需要更多的天赋和资源。因此虽然未来解题企业的数量会增长，但增长的程度还难以预测。解题企业也将成为未来收敛后的企业华礼型中的一个重要元素。

第五部分
规范方法——人圣华礼（人华）

我在这一部分讨论一种按照规范方法设计的华礼的规范文化型。规范方法主要有两个部分：设计和执行。设计要使用一个非常严谨且与个性方法类似的过程，但它不受个性方法的局限，也不受一个遗传文化的元素是否仍在被使用，是否很多人想要某一个元素的局限。设计的目的是构建一个从设计者角度认为是整体最优的文化型。但任何设计者，不管他们的出发点、方法论和分析能力，及数据有多么正确，他们都要做很多假设和主观的决定（比如用哪个理论来主导某个成分的构造）。所以，在这部分描述的规范文化型会随着时间和实践而逐渐演变，它是，但不是唯一值得一做的规范。

本书提出的规范文化型叫作"人圣华礼"（Humanistic Hualish），简称"人华"（HH）。这个规范是按照文化设计范式，基于华礼的遗产文化和当今及未来华礼人的需求，及我对华礼文化的观点，构建出来的。这是一个我提议我们华礼人都能够吸收并实践的可以贯穿所有组织规模

（形式）的华礼文化型。这也是一个我会应用到自己，我的子女（家），我的学生，我的熟人群，及我有决策权的营利和非营利组织里的华礼型。这个规范是经过多次修改后得到的，每次修改都是在很多学者、营利和非营利组织人员，及普通华礼人的反馈的基础上做的。

我在设计的过程中也把这个华礼规范和别的文化的关系，对全人类文化的贡献及地位，作为主要的设计指导思想之一。当今世界上有几个主要文化，比如美国文化、欧洲文化、阿拉伯文化、印度文化等。人圣华礼的构成考虑到了它和这些文化的关系及共同点和差异点，也从全世界角度看，它会如何为人类的文化的多样性增加价值。

另外一个我在设计人圣华礼时强调的设计思想是给未来更多的考虑，甚至在人圣华礼的某些方面的构建是出于对未来的考虑而决定的，而不是出于对当下的考虑。人圣华礼有很多成分是来自于我对华礼人的理想未来（基于理论和逻辑）而建立的。

无需置疑，一个规范的华礼文化型应该是一个向心性文化（层级Ⅳ），是一个在所有的六个活力征象上都出色的文化。所以我在这个部分就不再系统性地讨论人圣华礼在每个华礼征象上的表现，及它为什么会在某个活力征象（指标）上有如此表现。但在绝大部分情况下，读者可以清晰地看到人圣华礼的一个文化元素和某个华礼指标之间的关系。

我分四章来讨论人圣华礼的基目规经框架。每章中都会具体解释那个构架部分的文化元素，这些元素是人圣华礼的核心，但它们是可以扩大的。我的目标是提供一个简洁的可以使用的规范华礼型的核心，然后让使用者按照他具体的情况，在这个核心之外加上适合自己的个性化的文化元素。但就算一个华礼人不加任何别的成分，这里描述的人圣华礼也足够起到指导文化和生活的作用。

人华品牌非常重要，但它的品牌建立过程和考虑因素与本书前面讨论的华礼文化品牌没有太大区别。所以我在这个部分就不单独讨论人华品牌。

千里之行，始于足下。我认为让一个规范，包括人圣华礼，迅速传播并被接受的最好的方法是从它的一个核心元素做起，比如某一个有深远意义的，反映基石和目标的规则。这个部分的最后一章描述的就是这样一个第一步：人华长成礼。

文化设计范式（第一部分）讨论了一个规范的文化型是收敛的，而这个收敛可以通过营利和非营利组织来鼓励和引导，或由一个强有力的政府来推动。当然，自下而上的有机的推广应用也是可以的，但可能会在时间上比较长。如何最快最好地推广人圣华礼的话题已远远超出这本书的范畴，我这里就不再讨论。

第四十二章
人华基石(HHH)

人华基石的核心包括四个元素，分别是人神同类、均衡、因果和担当。人神同类是人华的根基，是人华对宇宙和人类关系的观点的反映。它是人华的定义性要素，也是人华与世界上大多数现存文化的主要区别。均衡和因果代表了在一个人神同类的世界里的核心信念。担当是人华对一个人该如何生活在这个世界上的立场。表格6简要地总结了这些元素，包括它们各自与哪个组织形式最为相关。在本章中我将分别讨论每一个元素。它们中的有些元素与其他文化里的有些基石元素有所重合，但没有一个文化有和人华完全一致的基石。同时，那些在大多数文化中都存在且认同的共同伦理和道德观念在本章中将不再进行讨论。

表6 人华基石的核心

基石	定义	I	F	A	C
人神同类	人类可以通过某些过程成为神（或类似神），或指宇宙里没有高于人类的神	+	+		
均衡	均衡的世界是最好的，每一方的观点和偏好都应该以公正的方式被得到适当的考虑	+	+	+	+
因果	世界是被因果关系所决定的	+	+	+	
担当	每个人都应懂得知耻、感恩和责任	+	+		+

(I-Individual：个人形式；　　F-Family：家庭形式；
A-Acquaintance：熟人形式；C-Company：公司形式)

人神同类

人神同类指的是在人华中，没有比人类具有更高地位的存在。这是人华的基础，也是人华之所以能被称之为"人圣华礼"的原因。它与"天人合一"这一更为人熟知的概念有所相近，但后者更侧重于人与天之间的关系，而人神同类则特别强调没有超越人类的至高无上的存在。

人神同类来源于文化基石中的两个重要基本观点。第一个是人类可以通过某些过程成为神（或类似神），而两大最重要的信仰体系——佛教与道教——都采取的是这一立场。作为第三种信仰体系（也是最普及的一种），儒家思想对于上帝的角色始终保持沉默而没有涉及，反而只是关注人类自身拥有的类似神一般美德的能力。此外，在华礼文化中仍然非常受欢迎并具有影响力的许多民间宗教也会崇拜祖先并将他们视为至高无上的存在。这些信仰体系从根本上塑造了华礼文化，且或明或暗地仍被许多华礼人所共同信仰。第二个观点是无神论者或者不可知论者的。这是一个更为近期的现象，往往源于现代科学的普及。无论它来自于哪个基本观点，人神同类都是人华的定义性要素，它帮助人华在文化设计范式的六个活力征象上做得更好。本书提出的规范文化型的全名——人圣华礼，也正是来源于这一个概念基石。

这一概念基石所带来的结果包括：①个人的健康是最重要的，且精神比身体更重要。精气神（一个源自道教的概念，"精"指人身体的精华，"气"指人思想与情感的能量，"神"指人的灵魂）的和谐已经成为一个被广泛接受的概念。在比较不同行业的工作时，智慧比物质财富和体力更被人看重。如果要实现更高的地位（无论是在道德上还是类似神上），一个人必须唤醒他自身的思想，并且将自己从欲望和物质财富中解脱出来（佛教与道教的核心主旨）。②家庭和其他人都很重要。③人华是基于实证和逻辑基础的，也就是说它需要论据和合理性的论证，而不是通过不可被质疑的一些信仰来引导生活。④伦理道德必须是通过自我保持的，而不是由超自然的力量来施加的。⑤人一般都是自决的。⑥愿意容忍（包括不同的观点、生活方式等等）而不认同暴力。⑦在自信与尊重（他人）中达到平衡，比如觉得"没人比我好",但也认同"我也不比别人好"。

均衡

均衡这个核心元素认为均衡的世界是最好的,每一方的观点和偏好都应该以公正的方式得到适当的考虑。许多华礼文化的信仰系统都将其作为自身价值基础的一部分,尽管它们各自的着重点和概念解读有(很大的)不同。

阴阳一直以来都是华礼文化的基础,也一直是许多信仰体系和文化现象(如道教)背后的支撑原则之一。在这一主题上,有着大量的相关文献和实践可供有兴趣的读者进一步了解、查阅。阴阳的基本概念是说世界上总存在着彼此间相反的力量,但它们可以进行转变、互动,甚至在一定条件下统一起来。因此,世界上的任何事情之间都应该自然地保持平衡,避免走向极端(阴或者阳)。

受儒家思想教育的影响,"中庸"的原则一直是华礼文化的一个内在组成。"中庸"思想源于儒家经典"四书",强调平衡与避免极端,但如今也被许多华礼人误读为"争取中间位置",因为这更容易被理解与实践。实际上,平等并不是这个概念所想要表达的,它真正的意思是公正与和谐。这一思想的主旨是如何寻找一个平衡的状态,而并不是一个平均的或者中间的状态。一个以"中庸"思想为基础做出的决定,会考虑到每一个相关方的观点,但也并非一视同仁。在处理人际关系时，它可以表现为主张合作、避免针对任何的特定群体，并让每个人都能够"赢"（比喻意义上的），从而在最终结果上达到公正的效果。

这种平衡的概念不仅运用于人与人之间，也用于人与外界之间。它强调人类必须与环境和其他生物建立和谐的关系，而不是对自然为所欲为。

这个概念进一步体现了共情在人华中的重要地位与必要性，因为人必须要能够从他人的立场看待事情、并理解他们的观点，才能真正做到一个良好的平衡。

这个概念是一个长期而非短期的观点，而且提倡的是疏导而不是压制。就像华礼文化中的一个神话故事"大禹治水"所体现的，大禹的成功是通过对于洪水合理的疏导（从而达到平衡），而不是通过他失败的前辈所选择的遏制战略（如建立堤坝）。

这也正符合我于 2007 年所提出的"内心博弈论"（Theory of Intraperson Games）。这个理论把一个人的大脑（Mind）视为一个大家庭，其中有许多小小人（Mini-Minds）（就像孩子）。每个小小人都有自己的欲望（往往和别的小小人的欲望相矛盾），并只知道追求自己的欲望。大脑中还有两个负责监管的代理人（比如父亲和母亲）：效率代理人（确保这些决定能够对个体整体有益）和公平代理人（确保每一个小小人能够得到公平对待）。一个人的决策是这两个监管代理人的互动、平衡的结果。一个健康的心灵和一个健康的人，都必须要有一个平衡的心态，为所有的小小人提供公平的利益分配。

因果

因果这个核心元素和通常讲的因果报应类似，但没有后者的宗教色彩。它意味着无论一个人做什么，都会有一个与之后果相对应的结果在等着他。也就是说，好的行为就会导致好的收获，坏的行为就会导致惩罚。它既可以意味着一个人会因为它的行为而遭遇好事或坏事，也可以在广义上用来说明一个人在长期上会因此在整体的心理和生理上增加或者减少福利。这个想法也和现代科学里研究的复杂系统（Complex System）是一致的，在复杂系统里发生的任何一件"小事"，都会影响到这个系统的未来发展。

均衡是这个元素背后的驱动之一。华礼人认为，宇宙整体是平衡的，阴阳会彼此互动并达到均衡。在这个复杂系统（或生态系统）中，任何行为都会引起反响，通过自我纠正恶行和奖励善行来使得系统达到一个更好的平衡状态。另一个驱动则是来自于信仰系统，也就是创造出"因果报应"这一理论的佛教。作为佛教的一个主要概念，它已经融入了华礼文化的日常之中。

这与其他宗教教义中认为人犯错（或行善）后会被至高无上的神所惩罚（或奖励）不同，华礼文化的因果认为我们所处的这个世界会在没有至高无上的神监督下就可以自行运转，达到平衡。

担当

在人神同类的前提下，人华自然就可以得出一个人必须为自己的所作所为负责这一结论。担当说的正是这个意思，它认为担当应该是一个人的荣幸。这一概念具体包括三个方面：知耻、感恩和责任。

知耻意味着一个人必须明白什么是正确的、什么是错误的，并且因为知耻，有些事情不可做。感恩意味着一个人必须感谢他生活中所获得的一切帮助，并且在条件允许时表达这种感谢。一个人应该永远记住并感恩别人为自己所做的事，也不能因为有一次别人没有帮助到你而对他过去对你的帮助打折扣。因为感恩，有些事情不可不做。责任意味着为一个人在人生中要对被期望完成的事情负责。因为责任，世界上就少了很多可做可不做的事情。

第四十三章
人华目标(HHO)

人华目标的核心包括三个元素，分别是家庭、面子和三不朽。这些都是由华礼文化的最重要的需求和对应的人华基石的核心所驱动的。它们都是终身目标，但也可以作为在特定场景下的阶段性目标。这些目标自上而下逐步扩大的是目标范围和潜在影响，优先次序和成功概率则逐步降低。表格7对这些内容和与之相关的组织形式进行了简要的总结。在本章中，我会对这些元素做进一步的解读。它们中的有些与其他文化里对应的目标有所重合，但人华目标的核心没有与任何一个文化的完整的目标重复。那些在大多数文化中都存在的共同或次要目标在本章中将不再赘述。

表7 人华目标的核心

目标	定义	I	F	A	C
家庭	家庭为尊		+		
面子	荣誉至上、赢得面子	+	+	+	+
三不朽	立德、立功、立言	+	+		

（I-Individual：个人形式； F-Family：家庭形式；
A-Acquaintance：熟人形式；C-Company：公司形式）

家庭

这是人华的首要也是根本目标。只有当达到了这个目标以后，人们才可以追求之后的两个目标。除了没有把皇帝置于家庭需要之上，家庭对人华的重要性与儒家思想是基本契合的。

每个人都有对家庭自认为恰当的定义，这其中一般都会包括核心家庭，即父母、配偶（如果有的话）和孩子（如果有的话）组成的家庭。在这之外，家庭的定义也可以延伸至由婚姻或者收养关系带来的血亲和亲戚。在一些特殊情况下，家庭也可以包含亲近的非血亲关系，如结拜兄弟、干父母等。

以家庭为目标，顾名思义就是人的主要义务就是服务于家庭。个人的野心不能以牺牲家庭责任为代价。这一目标的另一个重要方面是人不能通过提供提供物质财富或者其他资源来代替其在家庭中需要承担的责任。人们必须尽可能地长时间发挥其家庭角色的作用，这意味着教育孩子的成长、花时间陪伴父母、陪伴配偶等等。

面子

中文里有句俗语叫"活着就是要一个面子"。这句话可以从两个方面解读。一方面，它可以用来嘲笑人的虚荣；另一方面，这也可以正面的反映人们应该在生活中做什么。面子与荣誉相近，却又不完全一样，可以说是一个非常独特的概念。在我和徐婕共同写作的《中国蹊》(*The Chinese Way*)一书中，我们认为现在已经是时候把面子视为一个与荣誉更相似的概念，而不再是偏向于虚荣的负面概念。在该书中，我们把面子描述为一个由尊严、尊重和优越组成的三层结构。

第一层尊严，意味着人们必须保持一定的荣誉，以确保自己的自尊能够得到保护，也是人们在荣誉中所希望必须要达到的底线（最低的基准）。人们在这一层一般都会为了保护面子做任何事情。人华认为一个华礼人的生命只有在所有华礼人都认为他们自己是过着有尊严有价值的生活时才是有意义的。

第二层尊重，意味着人们应该根据自己的社会地位或家庭地位来合适地要求自己的为人处事。比如一个教授不应该做和自己身份不符的事情，同时，还要争取去做和自己身份相符的事情。

第三层优越，指的是一个人做的比他的同类人更好更成功。比如一个企业家在她的行业里以成功的创新而著名。在这一点上更详细的讨论可以参考《中国蹊》一书。

关于面子问题，有三点需要注意的。

第一，在人华中，家庭的地位在面子之前，也就是说人们永远不会在任何层面为了赢得面子而牺牲家庭的利益。

第二，尽管根据个人的具体情况会有许多不同的方法可以赢得面子，在人华中，人们主要通过服务他人来获得面子。这种服务的对象可以是祖先、家人、邻居、朋友、社区或国家。

第三，人华的面子也意味着谦卑。人们永远都不会炫耀自己的成就（面子），一个炫耀的人反而会丢面子。这也是针对道教中的一个核心理念"不敢为天下先"的一种解读（老子《道德经·三宝》）。

三不朽

这一目标指的是立德、立功、立言（摘自《左传·襄公二十四年》：二十四年春，穆叔如晋。范宣子逆之，问焉，曰："古人有言曰：'死而不朽'，何谓也？"穆叔未对。宣宣子曰："昔匄之祖，自虞以上为陶唐氏，在夏为御龙氏，在商为豕韦氏，在周为唐杜氏，晋主夏盟为范氏，其是之谓乎？"穆叔曰："以豹所闻，此之谓世禄，非不朽也。鲁有先大夫曰臧文仲，既没，其言立，其是之谓乎！豹闻之，'太上有立德，其次有立功，其次有立言'，虽久不废，此之谓三不朽。"）

这里的核心观点主要有两个，即什么是不朽、什么不是不朽。物质财产和社会地位不是不朽的，但"立德、立功、立言"是。"立德"指提出树立理念及道德来帮助社会，"立功"指建立功绩（国家，民众），"立言"指提出具有真知灼见的言论，并著书立说来传于后世。

这些目标并不容易实现，大部分华礼人也许在这三个方面都不会有什么有意义的成就，但这正是人华的终极追求。这不仅仅是一个个人层面的追求，也是家庭、熟人群和组织的追求。不过，人华认为只有对家庭和面子的追求和义务得到了满足后，人们才能试图追求这种目标。

第四十四章
人华规则(HHP)

  人华规则的核心包括九个元素：三个要做的、三个不能做的、两个特定事件，还有一个是决策方法。它们由人华的基石和目标共同驱动，每一种规则可能可以服务于超过一个基石和目标，但也有是一对一的关系。表格 8 简要概括了这些元素的定义，和与之相关的组织形式。我在本章中对这些元素做进一步的解读。它们中的有些与其他文化里对应的规则有所重合，但人华规则不与任何一个文化的规则有完全的重复。那些在大多数文化中都存在的常规的或细小的规则将不会在此进行讨论。

表 8　人华规则的核心

规则		定义	I	F	A	C
要做的	讲家规	家规包括家庭的三个阶段，由谁是主要决策者而分：父母、共同、子女	+	+		
	讲人情	记录对自己人生有重要影响的人、机构和事，及如果有惠的话，还债情况如何	+	+	+	+
	讲信用	是担当的一个必要条件：言行一致、践诺、守时（如开会、聚会、回应邮件）	+	+	+	+
不能做的	不过度	不要占有不是你的东西；或过度追求满足	+	+	+	+
	不强加	必须从别人的角度思考，不到万不得已，不把决定强加给别人	+	+	+	
	不歧视	不歧视不同的风俗、外表，或观点	+	+	+	
特定事件	长成礼	每一个华礼人的成年礼	+	+		
	文化月	为期一个月的华礼文化的庆祝和教育	+	+		+
决策方法	合情理	情指在一个具体情景下众人所认同的观点及个人或集体的情感；理指原则和逻辑	+	+	+	+

（I-Individual：个人形式；　F-Family：家庭形式；
A-Acquaintance：熟人形式；C-Company：公司形式）

讲家规

这是三个要做的规则中的第一个,也是对于人华能否成功至关重要的一个元素,它为家庭这一首要人华目标直接服务。

这个规则要求一个家庭的决策机制,应随着子女的长大成人分成三个阶段。第一个阶段是在子女长成之前。这段时期是父母在人华核心的基础上,完整自己家庭的文化个型,并承担做决策的任务。同时,这个规则也包括子不教父之过的理念。一个现代社会常见的情况是,许多父母认为自己职业负担太重,就将教育子女的责任转移给了学校或者(外)祖父母。人华的这一条规则则认为,父母必须承担起基石和目标视角上的孩子的老师的义务,教育他们道德伦理和生活技能。理想情况下,父母也应该参与孩子们的成长,并对孩子们的成功和失败负有最根本的责任。这段时间也包括父母开始培养子女如何做合乎家庭基石和目标的决策。

第二阶段是从儿女已长大成人(18岁)到父母的能力衰退之前。这段时间父母和子女共同决策家庭的有关问题。这里非常重要的是父母要意识到他们需要把他们的子女当成大人,尊重吸取他们的意见,并继续培养他们成为可以信赖的决策者。

第三阶段是父母能力衰退到一定程度，子女会是家庭的决策人。但父母如果觉得子女已经完全可以做决策，也可以决定在能力衰退之前就进入第三阶段。如果前面的文化个型定的好，父母榜样做得好，培养子女做决定做的好，第三阶段会非常顺利。

讲人情

人华规则要求一个人要有一本人情手记，里面记录的是对自己人生有重要影响的人、机构和事，及如果对自己有惠的话，还人情债的情况。手记可以分成三部分：一部分记录人；一部分记录机构；一部分记录事。人和事可以有多对多的关系，但值得记录的事不一定都有一个值得记录的人。机构和事也是同样的关系。但一般值得记录的人或机构往往有值得记录的事。虽然这里一般记录的是对自己有惠的人、机构、或事，但负面的人、机构或事，只要对自己的人生产生了大的影响，也应该记录下来。

对于记录的事，每件事可以包括：①具体的事情、时间、地点及前因后果；②这件事对自己人生的影响；③别人提供这个帮助的困难度，比如花了多少精力（相对于这个人当时的能力），是否提供的是（社会认为）他不必要提供的帮助；④这个人帮助自己的动机，及多大成分是出于无私的；⑤自己在得到这个帮助前的迫切愿望程度（支付意愿），都到帮助后的感受，及得到帮助后（对自己，或对对方）承诺的如何来回报这件恩情；⑥最后，自己后来做的具体的还这个人情债的事情。

人情债的大小取决于上面的（2）—（4），但（2）和（3）只要有一个存在就是一个需要记录的人情了。比如有一天你和别人喝咖啡，对方讲了一席话，让你对自己的人生重新思考，转变了生活。虽然这件事对方没有花太多时间，但你也应该把它记录进去。又比如有一次别人花了巨大的精力帮助你，但没有帮助到，你也要把这个作为人情记录下来。

和一般的金钱债一样，人情债当然不可以因为时过境迁、年代久远，而被淡化、忘记。但和一般的金钱债不一样，还人情债有些独特的性质。

首先，还多少（利息）。还多少人情债不是取决于时间的间隔（从借到还），而是取决于还债时欠债人的能力。欠债人的情况越好，还的应该越多。还的数量也取决于别的因素。比如同样的惠，对人生正面的影响越大，还的越多；对方花的精力越大，还的越多；对方的动机越倾向于利益交换，还的越少；等等。同时，有些人情债是一辈子都还不清的，不管你做多少事情。特别是那些出于无私，花了巨大精力，对你人生有质的影响的人情。

人情债也不一定是还给对方本人。有时对方根本不需要你还，或你不会有机会还（比如再也见不到对方了），或你没有能力还（对方的能力远远超过你）。但这不意味着不还。

在很多情况下，你可以通过帮助另外一个需要帮助的，和你当时情况相似的人，来还这笔债。有的时候，这是最好的还人情债的方法。

第三个特性是人情债是需要独立核算的，其中两个层面是：①人情债没有可加性，欠同一个人的多个人情债不可以简单的加起来用一个大的帮助来还，同时，也没有义务来用一个大的帮助还一大堆小的人情债；②人情债不会因为后面发生的事情而改变（可减性）。如果你和某个人后面有了矛盾，甚至对方做了不够意思的事情，你以前欠这个人的人情债也不能一笔勾销，还是要还的。

讲信用

人华将讲信用设为其第三个要做的规则，以提高华礼人之间的效率和信任度。更重要的是，讲信用是人华基石第四点——担当的一个必要条件。华礼人通常不喜欢拒绝别人，特别是当面，这也是为了能够给别人面子。大家往往会当面同意，但后面以别的（但会给对方面子的）理由或拖延的办法来拒绝。然而随着这一做法的演变，很多人养成了毫无诚心（与给对方面子无关）承诺的习惯。讲信用也反映在生活工作的细节上，比如守时（上课、上班、聚会、回邮件等等）。

不过度

这是一条不能做的规则,它有两层意思:不拿不是自己的东西,及过分追求某些满足。第一层即规定不是自己应该得到的,就应该一点都不要。如偷、接受贿赂、不问即拿、占有他人的财产(如知识产权)、通奸。这看似是一个非常简单的规则,但实则有大量的实际解读和后果。它还反映了许多华礼遗产文化的信仰系统中所阐述的戒律,例如佛教五戒中的第二戒不偷盗和第三戒不邪淫,都属于本条规则所禁止的范围内。它的第二层强调的是不要过度,比如过度追求感官的享受(吃、穿、用等等),也包括追求物质和地位。这反映了人华基石中的均衡的理念,也反映了人华认为这些不是值得追求的人生目标。

不强加

这条规则和《论语·卫灵公》中的"子贡问曰:'有一言而可以终身行之者乎?'子曰:'其恕乎!己所不欲,勿施于人'"是一脉相承的。把这条规则放到更加普遍意义上来说,它也意味着只要对方不愿意做某些事情,就不要将事情强加于他人,哪怕你在对方的位置上是会愿意做的。这条规则是基石中的均衡,从某种程度上来说,也是因果的反映。

不歧视

这条规则强调华礼人应该不歧视不同的风俗、外表或观点,甚至做到海纳百川。这一条规则反映了春秋(前 770 年—前 476 年)战国(前 475 年—前 221 年)时期不同学派争芳斗艳、百家争鸣的精神。这是华礼文化历史上智力输出最高的一段时期,在这一时期中诞生的许多学派的思想,至今仍得到广泛的运用,包括在一些不是华礼人的群体中。当时包括国王在内的所有人都愿意考虑甚至接纳不同的观点,这是百家争鸣的源泉,是众多的高质量的思想得以蓬勃发展的必要条件。人华要求人们海纳百川,且不仅仅限于不歧视不同的观点,还要鼓励欣赏这些不同观点的存在,不管是否同意它。人华要求一个华礼人必须防止让不受欢迎的或者非主流观点沉默的行为。

长成礼

相比较儒家对于礼仪的强调,道教更崇尚自然而并不赞成这些仪式。人华鼓励采取一种有限而精心挑选的礼仪来帮助华礼人将基石、目标和别的规则转化为习惯。在这其中最重要的一个(个人)生命阶段的礼仪就是长成礼(Coming of Age Rite,CAR)。这是一个让人成为一位真正的华礼文化践行人,并学习入圣华礼的重要机会。

然而入华的仪式并不是一个一次性的仪式,因为如果那样的话它可能对年轻的华礼人的发展并没有多大帮助。入华的长成礼要求华礼人有一个学习和训练期(理想情况下应从很小的年纪开始),来帮助每个人了解并掌握作为一名华礼人意味着什么,尤其是对于入华基石和目标的理解,并适当地学习规则。一旦他们通过了这一训练,他们可以在年满18岁时举行一个最终的庆祝仪式。一个可以用来类比的传统是绝大多数年轻的摩门教信仰者会在18岁后去一个陌生的地方(没有选择,统一分配),和别的年轻信仰者一起传教两年。虽然这个活动的宗教意义很明显,但它也是摩门文化给年轻人提供的发展自律、学习人与人互动、教学以及整体的成熟并成为一个负责任的成年人的宝贵经验。我在这个部分的最后一章建议了入华长成礼的具体形式。

文化月

在本书的前文中,我们已经简要地回顾了许多在历史上有所实践的集体礼仪。这些包括根据日历的新年、元宵节、端午节等,以及根据华礼信仰系统(如佛教、儒学、道教)的节日。虽然很多节日至今仍然在华礼人占多数的地区被庆祝,它们绝大多数已经成为一个商业活动及假日休闲的机会,而不再剩下多少的文化含义。例如新年(春节)往往不再根据其文化意义来庆祝,而是被大多数大陆华礼人当成了一个七天左右的假期来对待。在人华中,这样的行为不应该发生。

为保持其前瞻的活力征象,人华建议通过建立一个华礼文化月来组织文化活动并传播华礼文化。有一种可能是将农历的第一个月来作为华礼文化月,这样其中也会包含农历新年和元宵节。通过这个文化月的形式,人华可以教育下一代,重温并庆贺华礼丰富的遗产文化。

合情理

合情理是人华从华礼文化中提取的一种独特的决策方法。这种方法包含了两个要素:情和理。人华对情的定义是:在一个具体情景下,众人所认同的观点,或个人或集体的情感。情的关键特性是它是可变的,主观的。它反映的是在某一个特定场景和时间,有关人员的思考、意见及情感。情感情绪(短期的、针对某些东西的)和心境(长期的、一般不针对特定事件的)。人华对理的定义是原则和逻辑。理的关键特性是它是不变的,客观的。

理在决策里的作用常见于别的文化,但情的作用可以说有这非常强烈的华礼文化特色,至少与标准的北美或欧洲的方式非常不同。在"合情理"这种机制下,法律法规中在一定程度上都是灵活的、视情况而定的，而不是一成不变的。在遵循规则的时候不应该教条主义，而是必须考虑当时人们的状态来做出决定。所以，有时遗产社会里的官员会以"不杀不足以平民愤"来做出判处死刑的理由。

第四十五章
人华经历(HHE)

　　人华经历的核心包括五个元素，分别是读万卷书、行万里路、讲三种话、志愿一周和人华共同体。它们由人华的基石和目标共同驱动，并且遵循人华的规则。每一种经历的元素一般都服务于一个及以上的基石、目标和规则。有些经历元素是个体性质的，而有的则是集体性质的，需要许多成员同时参与。表格9提供了对于这些元素和与之相关的组织形式的简短概括。在本章中，我会分别对这些元素做进一步的讨论。它们中的有些与其他文化里对应的经历有所重合，但人华经历的核心不与任何一个别的文化的完整经历重复。那些在大多数文化中都存在的常规的或细小的经历将不会在此讨论。

表9 人华经历的核心

经历		定义	I	F	A	C
读万卷书		每月读一本非虚构类书籍	+			
行万里路		如果可以的话包括拜访泰山	+	+		
讲三种话		普通话、方言、外语	+	+		
志愿一周		花人生2%的时间（一年一周）做身体力行的志愿行为	+	+		+
人华共同体	个人共同体	建立核心朋友群（规模5人）			+	
	家庭共同体	建立核心家庭群（规模5家）		+		
	社区共同体	建立华礼人社区		+	+	

（I-Individual：个人形式； F-Family：家庭形式；
A-Acquaintance：熟人形式；C-Company：公司形式）

读万卷书

作为明代董其昌《画旨》中那句名言的前半部分，读万卷书已经被用来鼓励无数的有志青年。在这里我们所讨论的经历中，这个元素既强调读书的数量，也强调其质量。

我建议每一个华礼人都在成年前（成年指18岁生日后）至少阅读216本非虚构类书籍。这个平均下来是1个月1本，但因为年龄小的时候阅读和理解的能力有限，这216本书的（绝）大部分往往会在中学期间阅读。在成年后，每个人每个月应该阅读一本非虚构类书。

阅读的质量也至关重要。既要有与人圣华礼的基石、目标和规则相关的书,也要有一般通俗的话题;还应该包括华礼文化和其他文化的书籍、自然科学与社会科学的书籍等等。但这不一定要以传统的书的形式来完成,一个非常深刻的长篇纪录片(比如BBC的有关地球的自然科学纪录片)也可以算一本书。可以考虑的一种转换是,每看8个小时的纪录片(或一套8个小时以上的纪录片系列)可以算看一本书。

我没有对虚构类书籍做任何要求,因为基本上大家都会读,不管是书的形式,或是电影电视的形式。有些华礼文化的相关主题也可能被一些代表作(包括文学)、英雄传记、神话寓言、音乐、诗词曲赋、对联等民俗文化,和整体意义上的文学与语言所涵盖。这些内容在一般的语言文学的课程里都会基本包括。

行万里路

行万里路的目的是感受各地各种不同的华礼人的文化实践。它不仅要求一个人旅行到不同的地方,也要求一个人应该在旅行时体验当地人的生活,与他们互动,并理解他们的生活和思想。

华礼人可以去参观的地方包括佛教、道教、儒家思想和民间宗教信仰的主要场所和历史古迹,并参与其对应的节日庆祝活动。旅行的目的地还可以包括历史文化古城,如西安

（兵马俑所在地）或北京；自然景观（尤其是那些有着重要历史意义的），如泰山（秦始皇祭天的地方，也是对儒学、道教和佛教都有一定意义的地方）。

同样至关重要的，是一个人需要通过行万里路来和生活在不同地区的华礼人接触，并体验他们的生活方式，如少数民族（文学、音乐、舞蹈、体育）或区域文化（例如客家文化）。

在旅行中，人们也应该去体验一些无形的文化元素，比如琴、棋、书（包括语言）、画、食（不仅是品尝，甚至可以学习做）、茶、酒文化、工艺与美术、礼、体育、舞蹈等等。

讲三种话

我建议每个华礼人都能够流利使用三种语言：普通话、（各自的）本地方言和一种外语。民族语言可以算作一种方言，但不能作为一门外语。这里的外语，必须是一个在其他文化中使用的、自己在日常生活中通常不会使用的语言。

对于那些居住在中文不是官方语言的地方的华礼人，或者那些没有自己的本地方言的华礼人，他们可以使用另一种外语来代替当地方言。比如在美国出生长大的华礼人，可以讲中文、英文，及一种对美国人来说的外语（法语、俄语、西班牙语等等）。

志愿一周

我建议每个华礼人每年都能够花一个星期的时间——大约人生中 2％的时间——用来志愿为社会中的其他人服务。但这个志愿工作不能和他们自身的职业有关,更不可以和他们的地位有关。比如说,一名律师可以选择通过在沙漠里种植树木来完成志愿一周的经历;但他们无偿为别人提供法律意见,虽然值得称赞,并不能算作这个经历。

这样规定有两个目的。一个是可以向社会提供服务,并培养为他人做贡献、感恩社会的习惯。另一个是可以学习体验另一种和自己完全不同的生活,以帮助发展自己的海纳百川和共情的能力。

这个要从小做起。如果立法机关能够为家长提供一些休假时间用于志愿服务,或者结合一些正式的法定假日,那就最好,比如可以将中国的国庆长假中的一天设为志愿者日。

个人共同体

人华共同体是人华文化的重要组成部分,它对归属这一活力征象有很大的贡献。共同体的第一层是个人层面上的共同体,是三层中关系最紧密、投入最高、时间最长的一层。个人共同体要求每个华礼人都建立一个核心朋友群,这个核心朋友群应该有 5 人。4—6 个理论上都可以，低于 4 不成一个群，大于 6 难以协调。但 5 是单数，可以在决策时保证有一个大多数意见，避免僵局。

这个核心朋友群必须互相提供全力的支持，就像核心家庭成员一样，除了违背法律或道德，是可以托孤寄命的关系。这种关系最好是在成人过程中确认（14—22 岁），是长期甚至一辈子的。核心群里的人都应承诺不管以后个人的地位有什么变化，友情和互助都不会变。这种关系需要一定的互相的自我牺牲，比如一个成员会愿意为其他成员捐献肾脏。

个人共同体的第一个主要挑战是决定什么时候一个人可以离群（或被离群），但我觉得不应对这个挑战规定一个统一的答案，因为严格的规定有好处也有坏处。这个决定应该留给每个人自己的个人共同体，根据自己的情况，来讨论决定。

个人共同体的第二个主要挑战是决定一个人是否以后可以加入到另一个核心朋友群（同时有 2 个，或更多的，核心朋友群）。每个个人共同体的规则都应该对此有规定，不过我的观点是应该允许这样的选择，但这个前提是这个人必须有满足所有他已经加入的群的义务的能力及欲望。

家庭共同体

共同体的第二层是家庭层面上的共同体。家庭共同体位于第一层和第三层共同体之间，它的很多特性也往往处于这两层的中间。当一个人建立家庭后，这个家庭可以加入（或组织）一个由五个家庭组成的家庭共同体。家庭共同体的规则一般要比个人共同体的规则的严格程度低得多，也不一定是一辈子的关系。入群和离群也相对来说比较容易。

家庭共同体一般生活在同一个地理区域，这样的话家庭可以经常接触聚会，也可以互相支持。一个家庭如果搬到了另一个城市，一般来说应该离开原来居住地的家庭群，并加入一个新居住地的家庭群。这样的话能保证家庭群名副其实。

社区共同体

共同体的第三层是社区层面上的共同体。不同于大部分上述的经历，参与社区建设是一种集体经历。社区共同体通常由全职的组织者或志愿者领导协调，往往也会有一个实体的社区中心。社区共同体的目标在于建立一个华礼人的集体身份，增进团结，相互支持，并且对外形成一个统一的声音。这样的社区共同体可以有自己的教育目标（对儿童和成人），尤其是和华礼文化相关的内容。社区中心可以提供教育娱乐设施，也是组织庆典、节日或礼仪活动的公共场所，以及每周的聚会场所。这都将非常有利于提高归属以及其他活力征象，尤其是对于那些在生活的地区属于少数群体的华礼人（比如在美国）。

　　社区共同体是共同体里最松散的一层组织。一般在同一个社区的华礼人都可以自动加入，它也没有数量的限制（但理想的规模应在数百人，大的可以到一两千人）。

第四十六章
人华长成礼

说服华礼人接受和实践人圣华礼并非易事。最有效的做法或许是从年轻一代开始，用简单有趣的事件来引导他们理解接受人华的基目规经框架的元素。基于这样的思路，我建议推广人华的第一步是推广它的一个规则——人华长成礼。在本章我提供一个人华长成礼的具体蓝图（表10）。

起始礼

人华选择将14岁作为长成礼的开端。这是一个差不多初中毕业要进入高中或是职业学校的年龄，也是年轻人还在形成他/她的世界观的阶段，在合适的教育和经历下有塑造性。14岁后面的几年一个人通常还与父母同住，也便于父母

表 10 人华长成礼

阶段		持续时间	时间	形式	获得的权利及义务
起始礼		14 岁生日或随后	半天	个人	● 获得从事与年龄相称的工作的权利 ● 负有与年龄相称的刑事责任
培养	学习	起始礼和毕业礼之间（通常是 4 年）	每周半天	群体	
	实践			群体/个人	
	评估		N/A	群体	
毕业礼		18 岁生日或随后	一天或以上	个人（或群体）	● 获得在家庭和社会作为成年人的所有权 ● 可以选择字，并可以用于法定身份证明

继续家庭教育。这也和孔子"吾十有五而志于学"的说法相近。

起始礼最好采取个人形式，仪式为一个人专门预备，当然，如果几个同龄人决定要一起举行仪式也可以采取群体形式。参加的人包括他们的家庭和同龄朋友。我建议仪式的规模可以小一点，但要庄重一些，大概持续半天。应该由熟悉人圣华礼的人来组织，这绝对不应该只是一个生日派对。

为了让人华长成礼成为参与的年轻人一段有意义的经历，他应该在起始礼后就被赋予某些权利。我认为有两个重要的权利和义务可以在此时被赋予，它们的实施会对建立人华文化非常有利。但它们都需要新的立法，所以可能需要一段时间才可能成为现实。不过，一个家庭可以先在自己可以的范围里，给予自己的孩子类似的权利及义务。

第一是工作的权利。尽管童工是个不好的词，会联想到虐待儿童，但允许过了起始礼的儿童从事与其年龄（和发育阶段）相称的工作会是教育年轻人人华的基目规经框架的有效方式。即便是在美国这样的发达国家，儿童也可以从事某些与年龄相称的工作，例如，宾夕法尼亚州的儿童劳工法允许 11 周岁及以上的儿童送报纸。至于特定年龄的未成年人可以从事什么类型的工作（以及每周和每天最多的工作时间），则应由立法机关来决定。为了确保这一点的恰当实施，我建议每个未成年人（14—18 岁）必须由政府检查（身体及思想的成熟度）并发放政府签发的未成年人工作许可，当然，还需得到父母/监护人的批准。雇主必须检查工作许可并联系未成年人的父母/监护人后才可以使用未成年人。最后，虽然在外面的工作必须要政府批准，一个过了起始礼的未成年人在家里应该被要求分担一些力所能及的家务。

第二点是他们需要为自己的行为承担与年龄相应的刑事责任，这不仅教导他们要有担当，也给了他们改正的机会（违法会受到与年龄相称的惩罚）。同时也可以弥补一些未成年人故意利用现行法律在未满 18 岁时犯下严重罪行的漏洞。虽然这个义务必须要政府批准，一个过了起始礼的未成年人可以开始在家里被要求承担自己行动的不良结果，并接受相应的惩罚。不过这些惩罚不应该对身体精神有伤害，合适的惩罚可以包括多少时间不能玩游戏、多做家务等等。

培养

一个过了起始礼的未成年人就进入了培养阶段。培养有三个部分：学习、实践和定期的评估。整个培养阶段一般是4年，我建议每个未成年人平均每周花半天在培养上。

学习包括在家、社区中心、周末学校或提供相关课程的常规学校接受的教育。我建议学习以群体形式进行，因为他们需要成长为社会及华礼文化的一份子。这些教育的主体应当围绕人华的核心，同时以抽象（阅读、理解和记忆）和应用（角色扮演、场景和案例讨论）形式进行。此外，应当包含成年人在社会上立足的必备常规技能，例如做饭、打扫、与陌生人互动。

实践包括两个任务，并且应该在课外的真实生活中完成。第一是将他们在课堂上学到的知识运用到实际生活中。第二是培养志愿工作的习惯。在起始礼之后，华礼人必须培养每年用一周来志愿工作的习惯。适当的时候父母可以参与进来。

评估应该是阶段性的也是系列化的，而不是一次性的。评估可以是书面或是实践测验，取决于主题。评估应当在学习和实践的过程中进行。例如，可以对为什么家庭应成为首要的核心目标以及如何实现这一目标进行书面评估。这样的测试可以包括不同的，需要他们根据学习到的人华文化来做出恰当（家庭第一）决定的特定情景。另一方面，测试做饭技能的方法可以是要求一个人准备一套完整的4人晚餐。评估体系应该包括一套每个人都必须参加的测试（必选测试），同时也包括大量的可选的测试（可选测试）。一个人要通过所有的必选测试和一定数量的可选测试后才可以参加毕业礼，并被当作真正的成年华礼人。

毕业礼

这是人华长成礼的结束，应当举办得既庄重又欢快。由于这个仪式标志着一个华礼人进入成年的正式过渡，除了家人和同龄人之外，也应当邀请家庭好友和熟人，把这个毕业的华礼人以成年人的身份正式介绍给大家。取决于个人情况，毕业礼应该持续一天，甚至更长。条件允许的话最好也是个人形式的仪式。这样有助于强调一个人的成年阶段的开始。

随着毕业礼而来的当然还有获得的权利和责任。它的主要意义在于这是一个正式的宣告：从此以后家庭（特别是长辈）应当将他/她看作一个有独立思想的成年人，他/她的意见应该和其他成年人一样被充分考虑。它也要求包括家庭好友在内的其他人把他/她看作可以为自己和家庭发声的,同时也应以成年人的礼节待他/她。

　　人华的长成礼也给了一个人挑选自己的字的权利。仪式之后,除了他/她的长辈外,其他人不应该再叫名,而应该称呼他/她的字。我建议一个华礼人可以将自己的字加到正式的官方的记录里。以中文为官方语言的国家可以在身份证件上专门为字设一栏,在别的语言(比如英语)里,字可以被翻译成中间名(Middle Name)。

结 语

这本书是为解决一个让我困惑很久的问题而写的。这里提供的不仅仅是理论，也包括对如何去实践的指导。作为一个本书的使用者（不仅仅是作者），我对这本书已经满意了，也已开始非常自豪的称呼自己和我们的子女为华礼人。但这本书的内容在未来一定会被补充、改进和更新的，特别是被那些使用这本书并实践其中理念的华礼人。这是件好事。我也期待有更多的人不但使用华礼文化，而且会思考如何继续提升华礼文化的设计。我尤其希望之后几本探讨推进华礼文化的书不是我写的。

我的华礼人实践始于 2018。你愿意和我同行吗？

图书在版编目(CIP)数据

华礼人:文化认同的再思考/丁敏著.—上海:复旦大学出版社,2019.1(2019.7 重印)
ISBN 978-7-309-14051-4

Ⅰ.①华… Ⅱ.①丁… Ⅲ.①礼仪-文化研究-中国 Ⅳ.①K892.26

中国版本图书馆 CIP 数据核字(2018)第 263393 号

华礼人:文化认同的再思考
丁　敏　著
责任编辑/方毅超

复旦大学出版社有限公司出版发行
上海市国权路 579 号　邮编:200433
网址:fupnet@fudanpress.com　http://www.fudanpress.com
门市零售:86-21-65642857　团体订购:86-21-65118853
外埠邮购:86-21-65109143　出版部电话:86-21-65642845
上海丽佳制版印刷有限公司

开本 890×1240　1/32　印张 10　字数 180 千
2019 年 7 月第 1 版第 2 次印刷

ISBN 978-7-309-14051-4/K·681
定价:68.00 元

如有印装质量问题,请向复旦大学出版社有限公司出版部调换。
版权所有　侵权必究